Les citoyens et le budget

LE POUVOIR DE COMPRENDRE LES FINANCES PUBLIQUES

OCDE

DES POLITIQUES MEILLEURES
POUR UNE VIE MEILLEURE

Cet ouvrage a été approuvé et déclassifié par le Comité de la gouvernance publique le 18 mai 2026.

Ce document, ainsi que les données et cartes qu'il peut comprendre, sont sans préjudice du statut de tout territoire, de la souveraineté s'exerçant sur ce dernier, du tracé des frontières et limites internationales, et du nom de tout territoire, ville ou région.

Les données statistiques concernant Israël sont fournies par et sous la responsabilité des autorités israéliennes compétentes. L'utilisation de ces données par l'OCDE est sans préjudice du statut des hauteurs du Golan, de Jérusalem-Est et des colonies de peuplement israéliennes en Cisjordanie aux termes du droit international.

Merci de citer cet ouvrage comme suit :
OCDE (2026), *Les citoyens et le budget : Le pouvoir de comprendre les finances publiques*, Éditions OCDE, Paris, https://doi.org/10.1787/451d50e5-fr.

ISBN 978-92-64-76180-3 (imprimé)
ISBN 978-92-64-50936-8 (PDF)
ISBN 978-92-64-52536-8 (HTML)

Crédits photo : Couverture © maxbelchenko/Shutterstock.com. Chapitre 2 © Greg Epperson/Shutterstock.com.
Chapitre 3 © Realstock/Shutterstock.com. Chapitre 4 © Rawpixel.com/Shutterstock.com. Chapitre 5 © Big Shot Theory/Shutterstock.com.

Les corrigenda des publications de l'OCDE sont disponibles sur : https://www.oecd.org/fr/publications/support/corrigenda.html.

Préface

Les finances publiques des pays de l'OCDE sont sous tension. Les chocs successifs, notamment la crise financière mondiale, la pandémie de COVID-19 et le récent choc énergétique, ont contraint de nombreux pays à s'endetter à des niveaux historiquement élevés, la dette moyenne de la zone OCDE avoisinant 110 % du PIB. Les tensions s'exerçant à long terme sur les dépenses s'intensifient également. Les perspectives budgétaires se redessinent sous l'effet du vieillissement démographique, des besoins croissants en matière de défense, des investissements en faveur de la croissance qui s'imposent dans les infrastructures et la transition numérique, des risques liés aux événements climatiques extrêmes et de la hausse des charges d'intérêts.

Si les règles budgétaires, les cadres à moyen terme et les examens des dépenses demeurent indispensables pour garder la maîtrise du budget, leur efficacité dépend de plus en plus des efforts déployés pour obtenir l'adhésion des citoyens et de la société civile. Le présent rapport souligne qu'une composante essentielle de l'action budgétaire d'aujourd'hui consiste à renforcer la compréhension de la situation réelle des finances publiques, des tensions s'exerçant à long terme sur elles et des arbitrages connexes à opérer qui en sont le corollaire.

Étayé par de nouvelles données probantes et analyses comparatives de l'OCDE, ce rapport montre que l'on peut consolider la confiance du public dans les décisions budgétaires en communiquant plus clairement sur les finances publiques, en faisant davantage participer les citoyens et en rendant l'information budgétaire plus lisible aux yeux des principaux décideurs publics comme des administrés. Il insiste en outre sur le rôle majeur que jouent les institutions budgétaires indépendantes dans les efforts visant à expliquer les risques à long terme et les coûts induits par l'inaction d'une manière qui soit intelligible y compris par un public non expert, en particulier dans un environnement communicationnel en rapide évolution.

Ce rapport a vocation à soutenir les pays dans un moment où leurs finances publiques sont placées face à de complexes arbitrages à opérer. Sur la base d'éclairages tirés de l'ensemble des travaux de l'OCDE sur le budget, la communication, la participation et le contrôle indépendant, il formule des recommandations concrètes à suivre pour renforcer la prise de décision dans un contexte général en pleine mutation. L'OCDE continuera d'aider les pays à adapter les approches proposées à leur contexte institutionnel et politique propre, de sorte que leur politique budgétaire demeure à la fois pérenne et à même de répondre aux préoccupations actuelles de leur population.

Mathias Cormann

Secrétaire général de l'OCDE

Avant-propos

Les finances publiques sont sous tension dans tous les pays de l'OCDE, et il est de plus en plus périlleux de repousser le moment d'agir. Le niveau élevé d'endettement public, le vieillissement démographique, les besoins en hausse du secteur de la défense et le coût grandissant des événements météorologiques extrêmes sont autant de paramètres qui, loin d'être des tensions futures, influent dès aujourd'hui sur les décisions budgétaires à prendre. Les chocs récents, notamment la crise énergétique et la flambée du coût de la vie, ont eux aussi pesé sur les finances publiques tout en accentuant les attentes de la population en matière d'aide publique.

Le moment présent est révélateur d'un défi encore plus grand. Les administrés exigent des pouvoirs publics qu'ils soient à même de gérer les risques budgétaires à long terme, dans un contexte marqué par la fragilité de la confiance dans les institutions publiques et une tolérance basse vis-à-vis des arbitrages à opérer. Les mesures d'urgence ont certes permis de protéger les ménages, mais le recours répété à des réponses axées sur le court terme risque d'éroder la confiance dans la capacité de la puissance publique à mener son action en suivant un cap clair et un objectif à long terme.

D'après les travaux de l'OCDE, le niveau de confiance faiblit dès lors que les citoyens ne comprennent pas pourquoi des réformes s'imposent, comment les coûts et les avantages se répartissent et dans quelle mesure les décisions prises aujourd'hui s'inscrivent dans le cadre d'une stratégie à plus long terme. En parallèle, retarder l'action à mener face aux défis à long terme ne fait qu'accroître l'ampleur des ajustements qu'il faudra opérer à l'avenir. Cette situation enclenche un cycle périlleux, où l'hésitation alimente la défiance, laquelle rend toute action encore plus difficile à déployer.

Ces tensions sont exacerbées par l'évolution rapide du paysage communicationnel. Du fait de la fragmentation des environnements médiatiques, du recul de la confiance dans les intermédiaires traditionnels et de la polarisation du débat en ligne, il est plus compliqué de maintenir l'attention sur les enjeux budgétaires à long terme et d'expliquer pourquoi certains choix difficiles sont inévitables. Dans ce contexte, même des réformes bien conçues peuvent échouer dès lors que les citoyens, ne se reconnaissant pas dans la parole des autorités, ont le sentiment que ni leurs préoccupations, ni leurs perspectives ne sont prises en compte.

Il est désormais impératif de rompre avec ce cycle pour restaurer les finances publiques et rétablir la confiance. La viabilité budgétaire n'est pas seulement une question technique, ou une affaire de règles et d'institutions. C'est aussi un enjeu politique et social qui repose sur la conviction des administrés que les pouvoirs publics agissent, aussi difficiles les décisions soient-elles, en toute transparence et dans le respect de l'équité, et en gardant les générations futures à l'esprit.

Le présent rapport souligne que l'action budgétaire moderne doit faire une place centrale à la compréhension des citoyens. Les processus budgétaires, les stratégies de communication et les dispositifs de contrôle doivent fonctionner ensemble dans l'objectif d'expliquer les tenants et les aboutissants du budget, de clarifier les arbitrages à opérer et de conférer aux citoyens le sentiment qu'ils ont véritablement voix au chapitre. Cela n'enlève rien à la difficulté de mener les réformes, mais permet de les rendre plus pérennes.

Ce rapport définit quatre piliers pour une action concrète à l'appui de cette bifurcation : démystifier le budget auprès des principaux décideurs publics ; communiquer clairement sur les finances publiques ; favoriser une véritable participation citoyenne pour renforcer la légitimité de la prise de décision ; et transformer les institutions budgétaires indépendantes en éclaireurs engagés des finances publiques. Ensemble, ces piliers offrent un moyen d'ancrer la politique budgétaire dans une réflexion à long terme tout en préservant la confiance dans l'action publique en période de tension économique.

Les choix que doivent opérer les pouvoirs publics sont de plus en plus influencés par des forces de long terme qui pèsent dans la balance, indépendamment des cycles électoraux. En investissant maintenant dans la compréhension des citoyens, les pays peuvent réduire le risque de paralysie, tout en rétablissant la confiance dans les institutions publiques et en créant les conditions nécessaires pour placer leurs finances publiques sur une trajectoire viable dans les années à venir.

Remerciements

Le présent rapport a été élaboré par la Direction de la gouvernance publique de l'OCDE (GOV) sous la responsabilité de sa directrice, Elsa Pilichowski, et sous la supervision générale de Jón Blöndal, chef de la Division de la gestion publique et de la budgétisation de GOV, et de Scherie Nicol, analyste principale des politiques. La rédaction des chapitres a été assurée par Eddie Casey, économiste principal à la Division de la gestion publique et de la budgétisation.

L'OCDE remercie János Bertok, directeur adjoint de la Direction de la gouvernance publique, d'autres membres de la Division de la gestion publique et de la budgétisation (Carlotta Alfonsi, Conor Das-Doyle, Anne Keller, Delphine Moretti, Liv-Kristin Skow et Kaitlyn Vanderwees) et, plus largement, de la Direction de la gouvernance publique (Sarah Kups et Emma Phillips) pour les précieuses observations qu'ils ont formulées pendant l'élaboration de ce rapport. Celui-ci a également bénéficié des retours d'information transmis par le Comité des hauts responsables du budget (SBO) et le Groupe de travail des responsables budgétaires des parlements et des institutions budgétaires indépendantes de l'OCDE.

Meral Gedik et Della Shin ont contribué à la conception du rapport et à sa préparation pour publication.

Table des matières

Préface 3

Avant-propos 4

Remerciements 5

Résumé 8

1 Vue d'ensemble : La nécessité de renforcer la compréhension des enjeux budgétaires 11

1.1. Compréhension et appropriation, deux impératifs pour restaurer les finances publiques et la confiance 12
1.2. Les déterminants de la confiance évoluent 12
1.3. Un environnement de communication en pleine mutation 15
1.4. Créer les conditions pour que le public comprenne et s'approprie les enjeux budgétaires 17
1.5. Le pouvoir de comprendre et de s'approprier les enjeux : une voie à suivre 18
Références 19
Note 19

2 Démystifier le budget pour les principaux décideurs 21

2.1. Comment les pays de l'OCDE rendent les budgets plus accessibles pour les principaux décideurs 23
2.2. Adopter des bonnes pratiques pour renforcer la compréhension des finances publiques 29
2.3. Conclusion 44
Références 45
Notes 47

3 Communiquer sur les finances publiques 49

3.1. Pratiques actuellement mises en œuvre en matière de communication relative aux finances publiques 51
3.2. Pourquoi il faut améliorer la communication sur les finances publiques 56
3.3. S'appuyer sur les bonnes pratiques 58
3.4. Conclusion 70
Références 71
Notes 72

4 La participation citoyenne : des urnes aux budgets 75

4.1. Initiatives visant à impliquer les citoyens dans le processus budgétaire 77
4.2. Pourquoi il faut associer les citoyens aux efforts visant à restaurer les finances publiques 80
4.3. S'appuyer sur les bonnes pratiques en matière de participation citoyenne 86
4.4. Conclusion 92
Références 93
Notes 94

5 Créer des champions de la viabilité budgétaire 97

5.1. L'émergence d'éclaireurs budgétaires 99
5.2. Les ressorts de l'évolution des institutions indépendantes 102
5.3. Des éclaireurs budgétaires efficaces 107
5.4. Mesurer la promotion budgétaire 110
5.5. Conclusion 117
Références 118

GRAPHIQUES

Graphique 1.1. La prestation des services inspire davantage confiance que la capacité à prendre des décisions complexes et de long terme et à mener le processus correspondant 14
Graphique 1.2. L'essor des communications numériques pour l'information 16
Graphique 2.1. Comment les services parlementaires du budget renforcent-ils les connaissances des élus en matière de finances publiques dans les pays de l'OCDE 24
Graphique 2.2. Trois années sur quatre en situation de déficit budgétaire 31
Graphique 2.3. Incidence des chocs : des risques amplifiés par des taux d'endettement élevés 34
Graphique 2.4. En cas d'intervention tardive, des hausses plus marquées des taux de prélèvements obligatoires sur les revenus sont nécessaires pour stabiliser la dette fédérale des États-Unis 36
Graphique 3.1. L'action engagée en matière de communication et son impact varient d'une IBI à l'autre 53
Graphique 3.2. Plus que la simple somme : les estimateurs de l'impact de la communication d'une institution budgétaire indépendante 55
Graphique 3.3. L'incompréhension des grands nombres chez les adultes 57
Graphique 3.4. L'utilisation de visuels pour illustrer l'ampleur « hors échelle » de la dette publique aux Pays-Bas 59
Graphique 3.5. Engagements continus relatifs à la marine canadienne 61
Graphique 3.6. Les tensions liées aux pensions de retraite en Irlande 62
Graphique 3.7. Sept étapes pour améliorer la communication sur les finances publiques 68
Graphique 4.1. Le rôle du parlement dans l'élaboration des budgets varie d'un pays à l'autre de l'OCDE 79
Graphique 4.2. Le sentiment d'être écouté, synonyme d'une confiance accrue 81
Graphique 4.3. Les commissions peuvent faire davantage participer les citoyens 88
Graphique 5.1. Les institutions budgétaires indépendantes se sont multipliées ces 15 dernières années 100
Graphique 5.2. Les IBI contribuent à remplir certaines des fonctions d'un éclaireur budgétaire 105
Graphique 5.3. Plus les ressources sont importantes, plus les fonctions de communication sont solides 109
Graphique 5.4. Appréhender la promotion budgétaire à la manière d'un écosystème 111
Graphique 5.5. Les contours de l'Indice de promotion budgétaire de l'OCDE 2024 112
Graphique 5.6. Nouvel Indice de promotion budgétaire de l'OCDE 2024 113
Graphique 5.7. L'Indice de promotion budgétaire de l'OCDE 2024 (au niveau des pays) 115
Graphique 5.8. Certaines IBI jouent très clairement le rôle d'éclaireur budgétaire 116

INFOGRAPHIES

Infographie 2.1. Démystifier le budget pour les principaux décideurs 22
Infographie 3.1. Communiquer sur les finances publiques 50
Infographie 4.1. La participation citoyenne : des urnes aux budgets 76
Infographie 5.1. Créer des champions de la viabilité budgétaire 98

TABLEAUX

Tableau 3.1. Orientations fondées sur la science concernant la communication relative aux finances publiques 64
Tableau 5.1. La promotion budgétaire est au cœur de la mission des IBI telles qu'elles étaient envisagées au départ 103
Tableau 5.2. Les tâches relevant du rôle d'éclaireur budgétaire entrent dans les prérogatives des IBI 104

ENCADRÉS

Encadré 2.1. Efficacité des initiatives visant à renforcer la compréhension des finances publiques en Écosse 28
Encadré 2.2. Exemples concrets à l'appui d'un renforcement de la compréhension des finances publiques : l'expérience de l'Irlande en matière d'austérité 33
Encadré 2.3. Renforcer les apprentissages – Ce que disent les sciences cognitives 39
Encadré 3.1. Les outils de lisibilité sont utiles, mais ils ne peuvent pas tout gérer 65
Encadré 3.2. Comment la BCE a redynamisé sa communication 66
Encadré 4.1. Restaurer les finances publiques dans un contexte marqué par une confiance en berne 82
Encadré 4.2. Concevoir des initiatives de participation citoyenne 83
Encadré 4.3. Comment les démarches axées sur les solutions renforcent les compétences 84
Encadré 4.4. Citoyens, parties prenantes et véritable participation 85
Encadré 4.5. Le Dialogue économique national (NED) irlandais 86
Encadré 4.6. Méthodes innovantes pour informer et évaluer les préférences 90
Encadré 4.7. Le modèle d'Almedalen – un forum national de dialogue 92
Encadré 5.1. Le rôle complémentaire des institutions supérieures de contrôle des finances publiques 101
Encadré 5.2. Les institutions budgétaires indépendantes sont-elles suffisamment indépendantes ? Études de cas 106

Résumé

Le renforcement de la compréhension des citoyens devient une part essentielle de l'action budgétaire moderne.

Les finances publiques sont placées face à un tournant critique dans tous les pays de l'OCDE, que les crises successives ont poussés à s'endetter à des niveaux records, avoisinant 110 % du PIB. Les pouvoirs publics sont aux prises avec la montée des tensions s'exerçant sur les dépenses, notamment celles qui doivent être engagées pour soutenir la population face au coût de la vie et répondre aux besoins urgents en matière de défense, aux événements météorologiques extrêmes et au vieillissement démographique. Repousser le moment d'agir coûte encore plus cher. Sans de véritables réformes, les trajectoires d'endettement resteront à la hausse, ce qui continuera de limiter les marges de manœuvre dont disposent les pouvoirs publics pour atteindre leurs objectifs et soutenir l'économie face aux crises à venir.

Des règles et des institutions bien conçues demeurent essentielles à la viabilité budgétaire, mais l'action ne pourra plus être uniquement focalisée sur cet aspect. Les administrés exigent des pouvoirs publics qu'ils gèrent les risques budgétaires à long terme dans un contexte marqué par la fragilité de la confiance dans les institutions publiques et une tolérance basse vis-à-vis des arbitrages à opérer. D'après les travaux de l'OCDE, le niveau de confiance faiblit dès lors que les citoyens ne s'approprient pas les réformes menées ou ne comprennent pas pourquoi elles sont nécessaires, ni comment les coûts et les avantages en découlant se répartissent. Ces tensions sont exacerbées par l'évolution rapide du paysage communicationnel. Du fait de la fragmentation des environnements médiatiques et de la polarisation du débat en ligne, il est plus compliqué de maintenir l'attention sur les enjeux budgétaires à long terme et d'expliquer pourquoi certains choix difficiles sont inévitables.

Le présent rapport s'inscrit dans le prolongement de travaux de l'OCDE sur le redressement des finances publiques et les déterminants de la confiance dans les institutions publiques. Ses analyses sont fondées sur de nouvelles données tirées notamment de l'édition 2025 de l'Enquête de l'OCDE auprès des responsables de la communication gouvernementale, de l'édition 2025 de l'Enquête de l'OCDE sur le contrôle budgétaire parlementaire, de l'édition 2024 de l'Enquête de l'OCDE sur la confiance et des valeurs de 2024 de l'indice de promotion budgétaire de l'OCDE.

Pour rétablir la viabilité de leurs finances publiques, les pays doivent renforcer la compréhension des citoyens. Sur la base de premières expériences, on peut dégager une stratégie à suivre pour ce faire, fondée sur les quatre piliers ci-après.

Premièrement, il faut démystifier le budget auprès des principaux décideurs publics. Le pouvoir législatif prend des décisions essentielles en matière budgétaire. Il est à ce titre le principal acteur faisant office de trait d'union entre les citoyens et les arbitrages complexes à opérer en ce qui concerne les finances publiques. Toutefois, les parlements doivent fréquemment faire face à des volumes considérables de textes techniques nécessitant d'entrer dans le détail, au détriment du contexte général dans lequel s'inscrivent les décisions stratégiques. Ainsi, le débat parlementaire peut parfois se focaliser sur des sujets étroits, au lieu d'être axé sur les tensions à long terme, les arbitrages connexes à opérer et, *in fine*, les choix qui importent réellement pour assurer la viabilité budgétaire. Les organes parlementaires responsables du budget et le personnel technique peuvent contribuer à ce que ces institutions ne se concentrent plus sur le fait d'expliquer les rouages des finances publiques, au profit d'une action propre à éclairer les grands choix budgétaires à opérer. Pour appuyer ce changement, il peut être utile de mettre en place des sessions de formation en temps opportun au début des mandatures, de diffuser des notes d'informations claires et disponibles sur demande, ou encore de réaliser des études de cas permettant de faire le lien entre ces grands choix budgétaires et la vie quotidienne des administrés. Aider les parlements de cette manière contribuera à recentrer le débat sur les décisions essentielles à prendre en ce qui concerne les finances publiques, tout en leur donnant les moyens de véhiculer une information plus claire et plus fiable sur les enjeux budgétaires auprès des citoyens.

Deuxièmement, il faut communiquer clairement avec le public. Le jargon technique a un effet repoussoir. Les spécialistes doivent au contraire s'appuyer sur des comparaisons et des visuels clairs, qui soient lisibles aux yeux des administrés, en expliquant en quoi les choix liés aux finances publiques importent pour les ménages d'aujourd'hui et de demain. Il ne s'agit pas de simplifier excessivement la situation économique, mais d'aider les citoyens à comprendre les arbitrages à opérer. Certaines institutions exemplaires, telles que le Bureau d'analyse de la politique économique des Pays-Bas et le Conseil consultatif budgétaire irlandais, montrent que la réussite d'une telle entreprise repose sur une robuste culture de la communication placée au cœur des activités. Adopter une telle approche suppose de s'ouvrir aux médias, de faire preuve de créativité dans la manière dont les informations sont présentées, et de tirer efficacement parti des médias traditionnels comme des nouvelles plateformes de réseaux sociaux pour toucher le public.

Troisièmement, il faut permettre aux citoyens d'avoir véritablement voix au chapitre. Les modes traditionnels de consultation ne parviennent souvent pas à révéler l'ampleur réelle des défis à relever en matière budgétaire. Les parlements peuvent s'appuyer sur leurs commissions pour recueillir des données probantes auprès d'experts comme de citoyens, et ainsi renforcer leur crédibilité. Toutefois, les exécutifs, de même que les parlements, doivent élargir la palette d'instruments à leur disposition de façon à intégrer des modes de participation citoyenne plus ambitieux. Il n'existe pas de solution unique, mais certaines expériences ont produit de bons exemples à suivre, notamment les forums démocratiques nationaux à grande échelle, tels que le modèle suédois de la semaine d'Almedalen, ou encore des méthodes innovantes telles que le vote quadratique, qui permet de mettre en évidence les préférences des administrés. Les données de l'OCDE révèlent un écart de confiance de 47 points de pourcentage entre les répondants qui considèrent que des « gens comme eux » ont leur mot à dire dans les décisions des pouvoirs publics et ceux qui pensent l'inverse. Faire véritablement participer les citoyens n'est plus seulement une affaire de relations publiques. C'est une exigence fondamentale que les pouvoirs publics doivent tenir pour que la population s'approprie les enjeux, condition impérative d'une mise en œuvre réussie de décisions soutenables pour les finances publiques.

Quatrièmement, il faut donner corps à des éclaireurs budgétaires. Les institutions indépendantes que sont les conseils budgétaires, les offices parlementaires du budget et les institutions supérieures de contrôle des finances publiques figurent parmi les institutions publiques auxquelles la population fait le plus confiance dans de nombreux pays. D'après les données de l'indice de promotion budgétaire de l'OCDE, c'est lorsqu'elles arrivent à articuler une grande indépendance avec des analyses et un appareil de communication ciblés que ces institutions sont le plus influentes. La publication d'analyses de qualité est nécessaire, mais rarement suffisante. Pour avoir plus d'impact, ces institutions doivent être en mesure de communiquer leurs conclusions dans un langage clair, en pointant les risques à long terme et en expliquant les conséquences de l'inaction d'une manière qui soit intelligible y compris auprès d'un public non expert.

Ces quatre piliers se renforcent mutuellement. Une communication claire permet d'ancrer le débat public dans la réalité. Une véritable participation citoyenne instaure la confiance. Des éclaireurs indépendants maintiennent l'attention sur la viabilité budgétaire à long terme et les arbitrages plausibles. En plaçant les citoyens au cœur de leur action budgétaire, les pays pourront consolider le soutien politique dont ils ont besoin pour restaurer les finances publiques.

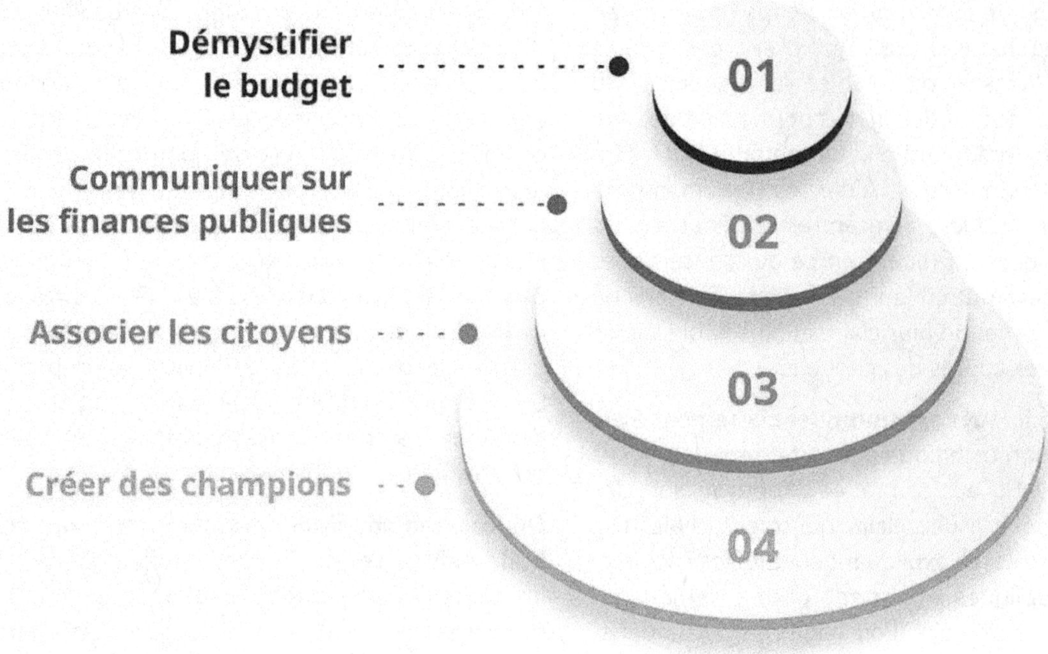
Démystifier le budget
01
Communiquer sur les finances publiques
02
Associer les citoyens
03
Créer des champions
04

1 Vue d'ensemble : La nécessité de renforcer la compréhension des enjeux budgétaires

Ce chapitre explique pourquoi il est devenu indispensable de renforcer la compréhension des enjeux budgétaires pour restaurer les finances publiques. De fortes tensions s'exercent sur le budget des pays et la confiance dans les pouvoirs publics reste en berne. Il est difficile de trouver des consensus pour opérer des arbitrages stratégiques essentiels. Dans ce contexte, le redressement des finances publiques ne relève pas uniquement d'un exercice technique. Il s'agit d'un défi sur les plans de la démocratie et de la communication. Si les citoyens et leurs représentants ne comprennent pas et ne s'approprient pas le problème et les difficultés qui l'entourent, même des réformes budgétaires bien conçues seront vouées à l'échec. Ce chapitre expose les raisons pour lesquelles le renforcement de la compréhension de ces enjeux est devenu capital. Il propose une voie à suivre pour redonner aux citoyens une place à la table des discussions budgétaires.

1.1. Compréhension et appropriation, deux impératifs pour restaurer les finances publiques et la confiance

Le contexte budgétaire est devenu de plus en plus difficile dans bon nombre de pays de l'OCDE. La dette publique moyenne dans la zone OCDE devrait atteindre 113 % du PIB d'ici à la fin de 2027 (OCDE, 2025[1]). Les déficits persistants suscitent des préoccupations quant à la viabilité de la dette et font augmenter les coûts d'emprunt.

Ces tensions ont été exacerbées tant par des événements récents que par des tendances structurelles. En réponse à la pandémie de COVID-19 et aux crises énergétiques, une panoplie d'aides d'urgence a été accordée aux ménages et aux entreprises. Les États doivent également composer avec l'augmentation des dépenses militaires, le vieillissement démographique et les coûts engendrés par les phénomènes météorologiques extrêmes.

En dépit des tensions à l'œuvre, les actions déployées pour restaurer les finances publiques n'ont pas été à la hauteur des besoins. Dans de nombreux pays, il s'est révélé très difficile de faire adopter les projets de loi de finances par les parlements. Les ajustements budgétaires se sont caractérisés par leur lenteur et leur fragmentation. Les pouvoirs publics se retrouvent donc avec peu de marge de manœuvre pour répondre aux futures récessions, faire face aux coûts qui découleront du vieillissement démographique et financer d'autres grandes priorités. Restaurer les finances publiques, c'est faire en sorte que le budget puisse financer les impératifs actuels, maîtriser les tensions à long terme et absorber des chocs économiques inattendus.

Cependant, la compréhension du grand public est une condition *sine qua non* à la réussite de toute réforme. Les mesures budgétaires conçues par les pouvoirs publics sont souvent avisées. Il est toutefois indispensable de les faire accepter politiquement et par le grand public pour qu'elles se traduisent par des changements pérennes. Dans l'environnement numérique actuel, les citoyens sont mieux informés et ils ont davantage l'habitude d'exprimer leurs préoccupations. Les décisions des pouvoirs publics ne peuvent pas aboutir si elles ne suscitent pas une large appropriation au sein de la population. Il faut pour cela que toutes les parties prenantes comprennent pourquoi il est nécessaire d'agir et qui supportera les coûts des mesures.

Ces dernières années ont donné lieu à un creusement de l'écart entre la conception des réformes et leur mise en application. Une fois dans la sphère publique, les réformes, pour logiques qu'elles soient sur le plan budgétaire, perdent souvent de leur élan, voire se heurtent à un rejet. Elles sont ajournées, diluées ou abandonnées. Lorsque les parlements peinent à opérer des choix clairement définis, la confiance de la population s'en trouve directement amoindrie, de même que la crédibilité des institutions s'agissant de leur aptitude à régler les problèmes à long terme. Par conséquent, le redressement des finances publiques constitue un levier majeur pour améliorer la confiance à l'égard des pouvoirs publics.

Ce déficit de mise en œuvre est accentué par le manque de compréhension des citoyens et la faiblesse du sentiment d'appropriation. Lorsque les citoyens ne mesurent pas les conséquences de l'inaction ou ont l'impression de ne pas maîtriser les solutions, leur opposition se durcit. Il est fréquent que les réformes de la fiscalité, des retraites ou des dépenses publiques restent au point mort du fait d'une réaction de rejet de la population. Cette réaction ne tient pas nécessairement à une conception médiocre, mais plutôt par le fait que leur l'objectif et les effets de ces mesures ne sont pas appropriés par les citoyens. Une mauvaise compréhension alimente le sentiment d'inégalité, ce qui rend la réforme beaucoup plus difficile à mener à bien.

1.2. Les déterminants de la confiance évoluent

Les raisons qui influent sur la confiance des citoyens à l'égard des pouvoirs publics changent. Cette évolution joue un rôle essentiel dans la persistance de l'écart entre la conception des réformes et leur mise en application.

44 % des répondants à l'Enquête de l'OCDE sur les déterminants de la confiance dans les institutions publiques (Enquête de l'OCDE sur la confiance) déclarent avoir peu ou n'avoir pas confiance dans les pouvoirs publics de leur pays, contre 39 % qui affichent un niveau de confiance élevé ou modérément élevé (OCDE, 2024[2]).

On constate un net écart dans la façon dont les citoyens perçoivent ceux qui les gouvernent. D'un côté, la confiance liée aux interactions quotidiennes avec les administrations publiques reste relativement robuste (Graphique 1.1). Par exemple, une majorité des personnes ayant été récemment en contact avec les services concernés se disent satisfaites des services administratifs (66 %) ainsi que des systèmes éducatifs (57 %) et de santé (52 %). Par ailleurs, les personnes estimant que les institutions publiques traiteront leurs demandes de façon équitable et protègeront leurs données à caractère personnel sont elles aussi majoritaires. Les interactions du quotidien demeurent des déterminants essentiels du niveau de confiance global (OCDE, 2024[2]).

De l'autre côté, le niveau de confiance chute fortement quand il s'agit des décisions complexes, précisément celles qu'implique le budget. Dans la zone OCDE, les citoyens se montrent fortement sceptiques quant à la capacité des pouvoirs publics à traiter des problématiques budgétaires de long terme. Par exemple, ils ne sont que 37 % à estimer que les pouvoirs publics concilient de manière équitable les intérêts des générations actuelles et futures, ce qui constitue l'un des principaux déterminants de la confiance aujourd'hui.

Ce manque de confiance est la conséquence immédiate de la sensation de ne pas pouvoir se faire entendre sur le plan politique. À peine 30 % des personnes estiment que leur système politique leur permet de donner leur avis sur l'action de leurs pouvoirs publics. Ce déficit a son importance. Les finances publiques sont définies par ces arbitrages complexes. Équilibrer le budget consiste à financer les services d'aujourd'hui sans imposer un endettement insoutenable aux contribuables de demain. Or, la confiance est intimement liée à la perception d'équité. Lorsque les citoyens doutent de la capacité de leurs pouvoirs publics à équilibrer les intérêts de manière équitable, ils sont susceptibles de s'opposer à des choix budgétaires difficiles.

Le sentiment d'avoir une capacité d'action politique est également essentiel. Les données de l'OCDE révèlent un écart de confiance de 47 points de pourcentage entre les répondants qui considèrent que des « gens comme eux » ont leur mot à dire dans les décisions des pouvoirs publics et ceux qui pensent l'inverse. Lorsque les citoyens ont des doutes sur le processus ou sur leur capacité à peser sur les décisions, on peut plus difficilement attendre d'eux qu'ils acceptent des réformes budgétaires délicates.

Si la communication manque de clarté, ce problème s'accentue. Moins de 40 % des répondants à l'Enquête de l'OCDE sur la confiance (OCDE, 2024[2]) estiment que les pouvoirs publics expliquent clairement les incidences des réformes sur les gens comme eux. Seulement un tiers environ des citoyens juge les statistiques publiques dignes de confiance, faciles à trouver et compréhensibles.

Il sera essentiel de rétablir la confiance pour restaurer les finances publiques. Si le problème concerné n'est pas bien compris et si la manière de prendre les décisions n'inspire pas confiance, les réformes budgétaires sont plus susceptibles de provoquer un rejet et d'être ajournées, affaiblies ou abandonnées. Le renforcement de la compréhension et de la confiance n'est donc pas facultatif, il est essentiel à l'ancrage des réformes. En veillant à la réussite des réformes, on se donne aussi la possibilité de rétablir la confiance dans la capacité des pouvoirs publics à faire face aux enjeux de long terme.

Graphique 1.1. La prestation des services inspire davantage confiance que la capacité à prendre des décisions complexes et de long terme et à mener le processus correspondant

% de personnes interrogées ayant répondu « probable » ou « satisfait »

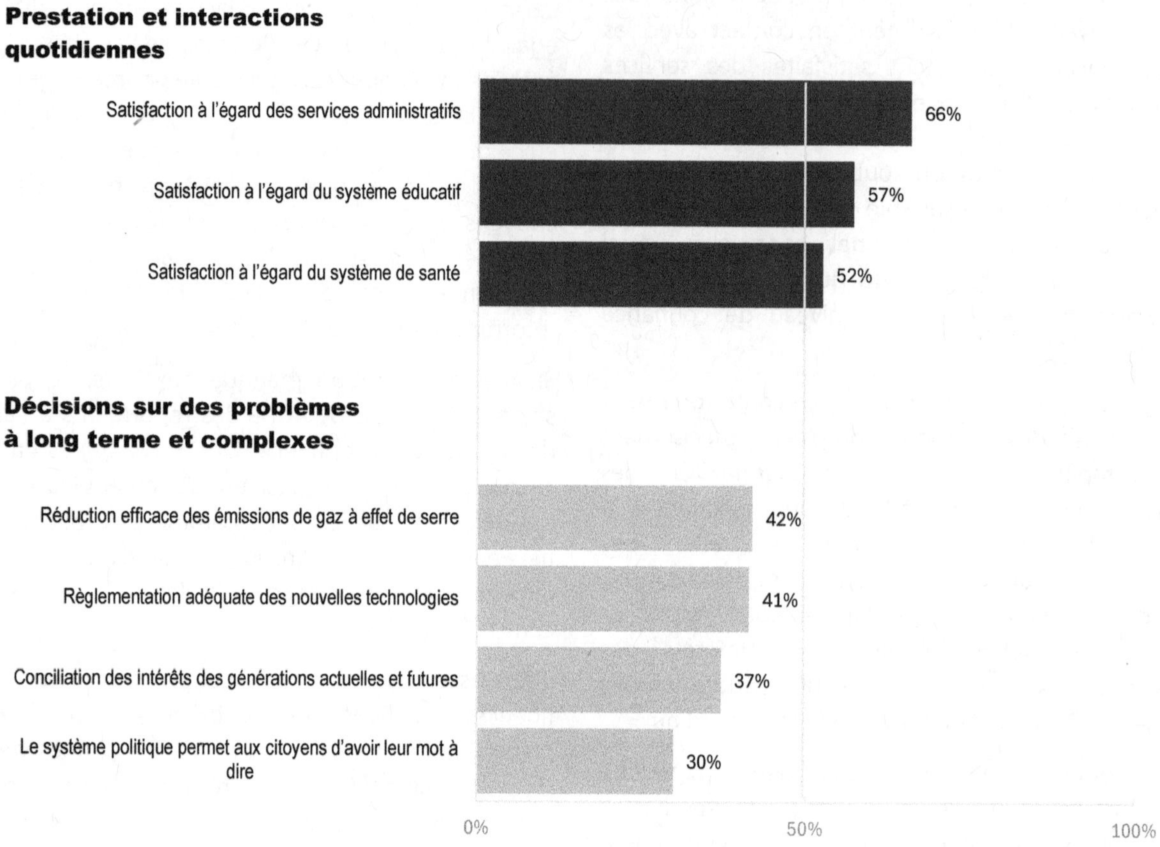

Note : Le graphique illustre la part des répondants ayant répondu positivement à la question portant sur la fiabilité et la réactivité des institutions publiques. Les taux de satisfaction à l'égard des services publics essentiels présentés ci-dessus concernent les individus qui ont récemment été en contact avec des services administratifs, éducatifs ou de santé.
Source : Adapté de l'édition 2024 de l'Enquête de l'OCDE sur les déterminants de la confiance dans les institutions publiques (OCDE, 2024[2]).

StatLink https://stat.link/sofjp3

1.3. Un environnement de communication en pleine mutation

L'analyse de l'OCDE laisse apparaître que la confiance dépend fortement de deux facteurs : la qualité de la communication des pouvoirs publics et la mesure dans laquelle ces derniers fondent leurs décisions sur des éléments probants (OCDE, 2024[2]).

Il a toujours été difficile de communiquer sur les finances publiques. Trois obstacles fondamentaux apparaissent ici (Chapitre 3).

Premièrement, les grands nombres. Les données budgétaires se chiffrent en milliards, voire en milliers de milliards. Ces nombres sont trop grands pour être facilement appréhendés par le cerveau humain. Lorsque les chiffres dépassent l'échelle humaine, ils perdent leur signification.

Deuxièmement, la lisibilité. Les budgets publics donnent souvent la sensation d'être déconnectés du quotidien. Les déficits nationaux, les soldes structurels et la dette à long terme sont des concepts abstraits. Les citoyens s'intéressent aux effets des politiques publiques sur leurs écoles, leurs hôpitaux et leurs propres finances. Si le budget n'est pas en prise directe avec ces réalités quotidiennes, il ne suscitera pas une implication de la population.

Troisièmement, la malédiction de la connaissance. Les spécialistes et les hauts fonctionnaires comprennent les subtilités techniques du budget, mais oublient souvent de se mettre à la place de ceux qui ne les maîtrisent pas, ce qui les conduit à user et abuser de jargon et de sigles. Cela se traduit par un langage opaque dont l'unique résultat est de mettre la population sur la touche et d'entraver une compréhension commune des problématiques budgétaires.

À ces difficultés intrinsèques s'ajoutent non seulement le faible niveau de confiance, mais aussi un environnement numérique qui génère une opposition croissante. L'environnement actuel de l'information, qui se caractérise par un grand nombre de nouveaux influenceurs au contenu accrocheur faisant appel aux affects, laisse moins de place à une base factuelle commune et au compromis. Il est donc encore plus difficile de parvenir à un consensus au sujet de la viabilité des finances publiques. Dans l'édition 2025 de l'Enquête de l'OCDE auprès des responsables de la communication gouvernementale (OCDE, à paraître[3]), plus des trois quarts des répondants estiment qu'il est plus difficile de communiquer clairement sur les politiques publiques dans l'environnement actuel. Par ailleurs, selon les deux tiers des répondants, la politisation de la communication amoindrit leur capacité à gagner la confiance de la population[1].

Ces éléments montrent que les difficultés de communication ne se limitent pas à une mauvaise compréhension de la part de la population. Ils traduisent aussi un environnement en mutation rapide auquel les pouvoirs publics ne se sont pas encore pleinement adaptés.

Les décideurs se sont traditionnellement appuyés sur une sphère publique commune, où une large part de la population regardait le même journal télévisé et lisait les mêmes journaux, et où des journalistes spécialisés aidaient à rendre des questions budgétaires complexes intelligibles à tout un chacun. En élevant leur niveau de connaissance et en assurant une couverture sur la durée, ces spécialistes contribuaient à établir un lien entre les finances nationales et les enjeux du quotidien. La perte de vitesse des médias traditionnels et le passage à des canaux d'information plus rapides et souvent plus fragmentés ont affaibli un lien important entre les pouvoirs publics et les citoyens. Cette évolution nécessite de déployer des efforts considérables pour adapter la manière dont les budgets sont communiqués à la population.

L'édition 2025 de l'Enquête auprès des responsables de la communication gouvernementale met cette évolution en évidence (OCDE, à paraître[3]). La moitié des responsables de la communication de haut niveau considèrent que si les médias d'information traditionnels gardent de l'influence, c'est parce que les dirigeants leur accordent la priorité et non parce qu'ils reflètent la manière dont la plupart des citoyens consomment l'information aujourd'hui. Ils sont 28 % à déclarer que les médias traditionnels ne sont plus le principal canal par lequel ils atteignent leurs objectifs en matière de communication.

Graphique 1.2. L'essor des communications numériques pour l'information

% d'utilisation de chaque support comme source d'information au cours de la semaine passée, États-Unis

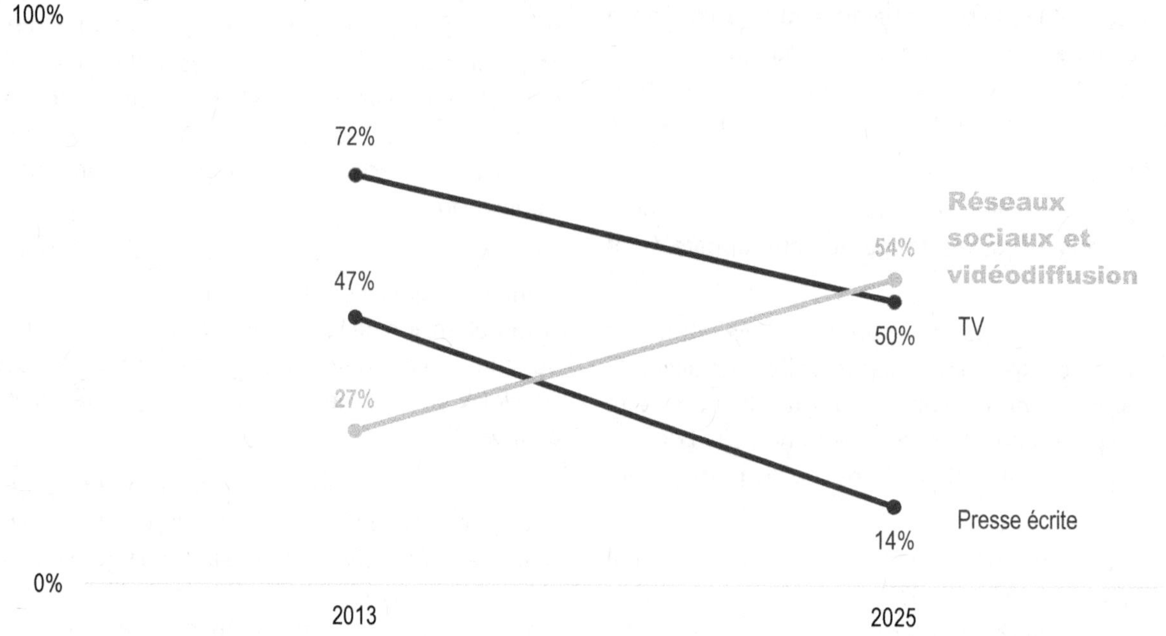

Note : Le graphique repose sur la question « Laquelle des sources d'information suivantes avez-vous utilisée (le cas échéant) pour vous informer la semaine dernière ? ». Échantillon total pour chaque année ≈ 2000. Il convient de noter qu'une modification a été apportée à l'échantillonnage et à la pondération à partir de 2021, mais la tendance divergente se dessinait clairement avant ce changement.
Source : Adapté de l'Oxford Reuters Digital News Report 2025 (Newman et al., 2025[4]).

StatLink https://stat.link/kre3pj

Pour de nombreuses personnes, les plateformes de médias sociaux et les réseaux de diffusion vidéo ont supplanté les supports traditionnels en tant que sources d'information privilégiées. Le smartphone est devenu un point d'accès à l'information essentiel, ce qui oriente le contenu vers des vidéos et des audios de courte durée (se référer au Graphique 1.2 pour l'exemple des États-Unis). Ces contenus sont souvent proposés aux utilisateurs par des algorithmes qui cherchent à captiver leur attention. Cette évolution vers la vidéo est portée par une grande différence entre les générations. Par exemple, les jeunes « natifs du numérique et des médias sociaux » affirment que les plateformes de médias sociaux et les réseaux de diffusion vidéo sont leur principale source d'information. Au lieu de s'appuyer exclusivement sur les rédactions traditionnelles, ce jeune public se tourne vers une consommation médiatique plus fragmentée dans laquelle des personnalités et des créateurs indépendants jouent un rôle important dans l'animation du débat public.

Parallèlement, le phénomène d'évitement de l'actualité est en progression. Dans les enquêtes menées à l'échelle mondiale, 40 % des personnes déclarent éviter activement les actualités, occasionnellement ou fréquemment, contre 29 % en 2017 (Newman et al., 2025[4]). Elles se détournent des informations, celles-ci leur paraissant trop négatives, trop complexes, ou source de conflits. Les médias réagissent souvent en produisant plus d'alertes et d'articles, ce qui crée une sensation de surcharge informationnelle.

Dans la compétition qui fait rage pour attirer l'attention du public, les institutions traditionnelles perdent du terrain. Le marché de la création de contenu a le vent en poupe. Les citoyens préfèrent de plus en plus s'informer auprès de personnalités individuelles. Très souvent, ils estiment qu'ils peuvent plus facilement s'identifier à elles qu'aux médias traditionnels, et qu'elles sont aussi plus authentiques, plus divertissantes et plus fiables.

De plus, les règles de la communication ont changé. Les algorithmes orientent les utilisateurs vers les contenus qui les font rester sur l'application. Par conséquent, les communiqués de presse classiques et les liens vers les sites Internet de l'administration atteignent moins efficacement le grand public.

Cette situation soulève une question essentielle pour les responsables publics : comment expliquer des enjeux budgétaires complexes dès lors que l'attention est fragmentée, que la confiance est mise à mal et que les canaux traditionnellement utilisés par les pouvoirs publics ne correspondent plus au mode de consommation de l'information des citoyens ?

1.4. Créer les conditions pour que le public comprenne et s'approprie les enjeux budgétaires

Les chapitres suivants porteront sur la façon de créer les conditions pour que le public comprenne et s'approprie les enjeux budgétaires. Renforcer la compréhension des citoyens suppose une action de la part des institutions qui orientent les décisions budgétaires. Les ministères des Finances, les parlementaires et les institutions indépendantes ont tous leur rôle à jouer.

Les ministères des Finances sont placés au cœur de l'élaboration du budget. Ils cernent les difficultés budgétaires, préparent des mesures pour y remédier et expliquent les conséquences de l'inaction. Une communication claire, rapide et réactive aide à réduire l'incertitude et place le débat sur une base factuelle commune.

Pour être efficace, cette communication ne saurait se contenter de la seule exactitude technique. Elle doit s'adapter à la manière dont les administrés consomment de nos jours l'information. Cela suppose d'employer un langage clair, des visuels évocateurs et des exemples concrets qui établissent un lien entre les orientations budgétaires et les préoccupations du quotidien, tout en s'adressant aux citoyens via des plateformes qu'ils utilisent vraiment, la veille sur les médias sociaux étant aussi une composante essentielle de la communication aujourd'hui.

Toutefois, la communication instaure rarement la confiance à elle seule. Les ministères des Finances peuvent aussi impliquer les citoyens à un stade plus précoce de l'élaboration des politiques publiques. Lorsque les citoyens comprennent les arbitrages et voient l'utilisation qui est faite de leurs contributions, le soutien aux réformes budgétaires peut se trouver renforcé, les rendant plus solides et plus pérennes. Les budgets deviennent des choix collectifs appliqués à des priorités communes au lieu de se limiter à des exercices techniques éloignés de la réalité.

Les parlementaires assurent le lien entre les décisions budgétaires et le débat démocratique. Ils approuvent les budgets, examinent les propositions de l'exécutif et échangent directement avec les citoyens. Ils sont souvent les relais les plus visibles des décisions budgétaires. Les commissions parlementaires sont particulièrement importantes. Elles créent des espaces structurés pour examiner les choix budgétaires, écouter l'avis d'experts et d'institutions indépendantes, et échanger avec les citoyens. Une meilleure compréhension et une appropriation plus forte des enjeux budgétaires par les parlementaires se traduisent directement par un débat public plus éclairé et un contrôle budgétaire plus inclusif.

Les institutions indépendantes formulent des avis fiables et objectifs. Parmi elles figurent les institutions budgétaires indépendantes et les institutions supérieures de contrôle des finances publiques. Dans des environnements polarisés et caractérisés par un faible niveau de confiance, leurs analyses peuvent aider à établir une base factuelle commune et à apporter des précisions sur les risques à long terme. Les institutions indépendantes ainsi que les systèmes d'équilibre des pouvoirs jouent aussi un rôle important dans la construction de la confiance, selon l'Enquête de l'OCDE sur les déterminants de la confiance dans les institutions publiques. Cependant, leur indépendance doit s'accompagner d'une communication claire afin que leurs messages ne soient pas réservés aux spécialistes. Cela consiste à renoncer au vocabulaire technique et à communiquer aussi bien sur les supports traditionnels que sur les nouveaux médias en ciblant directement les préoccupations des citoyens.

Ensemble, ces institutions construisent le processus budgétaire dans son intégralité. Leurs actions doivent absolument être alignées pour rétablir la confiance dans la manière dont les décisions budgétaires sont prises.

1.5. Le pouvoir de comprendre et de s'approprier les enjeux : une voie à suivre

Le redressement des finances publiques passe nécessairement par l'adhésion des populations et contribuera à renforcer la confiance. Pour y parvenir, les pouvoirs publics doivent s'adapter à l'environnement moderne de l'information et surmonter les difficultés inhérentes à la communication sur les finances publiques. De récents travaux de l'OCDE consacrés à la confiance démontrent qu'une communication transparente et inclusive peut contribuer à renforcer la confiance de la population et à favoriser la mise en œuvre des politiques publiques (OCDE, 2024[2]). Une nouvelle analyse de l'OCDE illustre ce que les pouvoirs publics doivent faire pour transmettre leurs messages aux citoyens à l'ère des algorithmes (OCDE, à paraître[3]).

Le présent rapport dessine une stratégie basée sur quatre domaines spécifiques. Ces domaines ont été retenus pour représenter l'ensemble de l'écosystème de la responsabilité en matière budgétaire, depuis les décideurs jusqu'aux citoyens et organes indépendants.

Premièrement, le rapport porte sur la démystification du budget auprès des parlementaires. Les élus sont le principal lien démocratique entre le budget et la population. Ils ont la responsabilité d'approuver en dernier ressort les choix budgétaires. Il convient de les accompagner dans ce rôle pour qu'ils puissent prendre les décisions les plus éclairées possibles et jouer le rôle de trait d'union en expliquant aux citoyens qu'ils représentent les enjeux liés au budget et aux arbitrages à long terme.

Deuxièmement, le rapport traite de la façon dont les institutions communiquent au sujet des finances publiques. Les citoyens sont nombreux à se soucier des déficits, mais la dette figure rarement au premier rang de leurs préoccupations, contrairement à des problématiques immédiates, telles que le coût de la vie. Pour que les enjeux budgétaires remontent dans la liste de ces préoccupations, la communication déployée doit être accessible et ciblée. Le langage technique qui crée une distance entre les spécialistes et les citoyens est donc à éviter. Cette exigence implique de formuler les choix de sorte à faire ressortir les répercussions locales et tangibles plutôt que des objectifs nationaux abstraits. Le recours à des questions proches du vécu des gens, à des visuels clairs et à un langage simple aide à capter l'attention, dans une ère numérique surchargée en informations.

Troisièmement, le rapport s'intéresse à la participation citoyenne. Compte tenu du faible niveau de confiance, la diffusion d'informations selon une approche descendante ne contribuera pas à instaurer la légitimité. Les budgets doivent être le fidèle reflet des aspects auxquels la société attache de l'importance. Lorsque la population participe à un véritable dialogue, l'élaboration du budget devient plus réaliste et plus efficace. Les échanges apportent une compréhension concrète du terrain et améliorent la visibilité des effets redistributifs. À l'avenir, les institutions doivent concevoir la participation citoyenne comme un vecteur d'influence et non comme un simple instrument d'inclusion, en montrant clairement la manière dont les contributions des citoyens orientent les arbitrages budgétaires délicats à opérer.

Quatrièmement, le rapport examine le rôle des institutions budgétaires indépendantes et des institutions supérieures de contrôle des finances publiques. Dans un environnement caractérisé par la faiblesse de la confiance et la polarisation des discours, les avis indépendants occupent une place fondamentale. Ces institutions sont largement reconnues pour l'objectivité de leurs analyses. Pour exercer une réelle influence, elles doivent se muer en éclaireurs engagés des finances publiques. Pour ce faire, elles doivent articuler leur indépendance et leur crédibilité d'analyse avec une communication claire et intelligible pour prôner la viabilité budgétaire à long terme et contribuer à expliquer les coûts induits par l'inaction à la population.

La compréhension des finances publiques par les citoyens n'est plus un élément accessoire : elle est au contraire essentielle à la viabilité des finances publiques, à la stabilité de la gouvernance et à la confiance. Dans un contexte d'endettement élevé, de confiance en berne et de fragmentation de l'information, les pouvoirs publics ne peuvent pas s'appuyer uniquement sur l'excellence technique. Ils doivent davantage s'employer à communiquer clairement avec la population et à dialoguer avec elle.

La suite du rapport examine dans quelle mesure les quatre piliers exposés ci-dessus peuvent être consolidés dans la pratique. Leur renforcement mutuel ouvre une voie à suivre pour rétablir la confiance, créer les conditions propices à un débat éclairé et faciliter les choix budgétaires délicats qui se profilent à l'horizon.

Références

Newman, N. et al. (2025), *Digital news report 2025*, Reuters Institute for the Study of Journalism., https://reutersinstitute.politics.ox.ac.uk/sites/default/files/2025-06/Digital_News-Report_2025.pdf. [4]

OCDE (2025), *Perspectives économiques de l'OCDE, Volume 2025 Numéro 2 : Une croissance résiliente, mais de plus en plus fragile*, Éditions OCDE, Paris, https://doi.org/10.1787/62298503-fr. [1]

OCDE (2024), *Enquête de l'OCDE sur les déterminants de la confiance dans les institutions publiques – résultats 2024 : Instaurer la confiance dans un contexte complexe*, Éditions OCDE, Paris, https://doi.org/10.1787/80ddd09b-fr. [2]

OCDE (à paraître), *Reforming Government Communication for the Age of Algorithms*, Éditions OCDE, Paris. [3]

Note

[1] L'OCDE a interrogé 57 directeurs de la communication ou responsables de la communication de 25 pays membres de l'OCDE et candidats à l'adhésion entre juillet et septembre 2025 sur leur perception de l'évolution et des difficultés de l'écosystème de l'information et de la fonction de communication publique. Voir (OCDE, à paraître[3]).

2 Démystifier le budget pour les principaux décideurs

Le présent chapitre examine les moyens de renforcer la compréhension des budgets et de la viabilité de la dette auprès des principaux décideurs. Il met ainsi l'accent sur la nécessité de changer d'approche pour ne plus se concentrer uniquement sur les mécanismes techniques du budget, et d'adopter à la place une vision plus large de la viabilité budgétaire, des principales tensions budgétaires et de l'incidence des choix stratégiques sur les finances publiques au fil du temps. Une meilleure maîtrise de ces questions permettra aux décideurs d'être mieux armés pour guider les débats, expliquer les motivations sous-jacentes à l'action publique, prendre des décisions éclairées et interagir plus efficacement avec les citoyens afin de susciter un soutien plus large au redressement des finances publiques.

Infographie 2.1. Démystifier le budget pour les principaux décideurs

Les finances publiques, un sujet complexe

Les parlementaires sont des acteurs clés, au cœur de la relation entre le budget et les administrés. Ils peuvent **jouer un rôle de trait d'union**. S'adresser à eux pour démystifier le budget les aidera à expliquer les enjeux liés aux finances publiques et aux arbitrages à long terme.

Un défi à relever ensemble

Une meilleure compréhension des enjeux permettra aux responsables publics d'être mieux équipés pour conduire le débat, expliquer pourquoi il faut agir, prendre des décisions éclairées et **associer plus efficacement** les citoyens de sorte que le plus grand nombre soutienne la restauration des finances publiques.

Les **trois quarts** des adultes ne lisent que rarement des graphiques

Trois adultes sur **cinq** affichent un niveau d'éducation financière inférieur au minimum nécessaire

Plus de **quatre** adultes sur **cinq** n'utilisent jamais les mathématiques avancées ou les statistiques

Commencer par les fondamentaux

Outre les processus budgétaires, il est nécessaire de mieux comprendre les fondamentaux des finances publiques.

Les efforts ne doivent plus être focalisés sur les rouages budgétaires, mais viser une **compréhension générale de la viabilité des finances publiques**, des tensions qui s'exercent sur elles et des arbitrages à opérer.

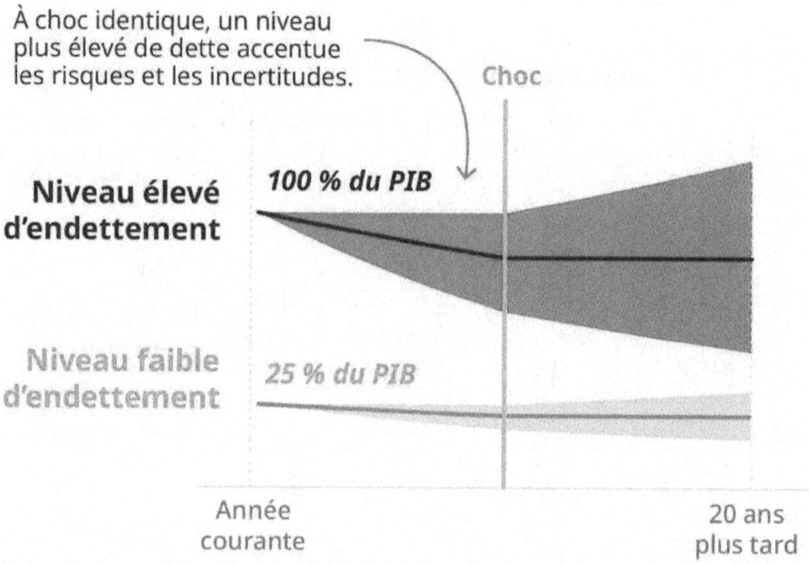

Principaux résultats

Des finances publiques plus saines exigent une meilleure compréhension des enjeux budgétaires : il convient, pour restaurer les finances publiques, de démystifier le budget et de renforcer la viabilité budgétaire auprès des principaux décideurs, et ce, afin de leur permettre de participer plus efficacement au débat politique, de déceler les risques budgétaires, de justifier leurs choix stratégiques, de soutenir les décisions à l'appui de la viabilité à long terme et de dialoguer avec les citoyens sur leurs choix budgétaires et les conséquences de l'inaction.

Un changement d'orientation est nécessaire : les initiatives actuelles visant à expliquer l'élaboration des budgets nationaux se concentrent de façon trop excessive sur la mécanique interne du processus de budgétisation. Pour être efficaces, ces initiatives doivent porter sur trois aspects essentiels : la pertinence des règles budgétaires, les facteurs qui déterminent la viabilité à long terme et les conséquences de l'inaction face à des défis majeurs comme le vieillissement de la population.

Des obstacles subsistent : les décideurs, tels que les élus, sont soumis à des contraintes de temps importantes et craignent parfois d'être épinglés pour leur manque de connaissances. Des programmes efficaces peuvent contribuer à surmonter ces obstacles sur la base de techniques éprouvées d'apprentissage des adultes, de dispositifs d'intégration ciblés en début de mandat et de contenus courts, disponibles à la demande, comme des didacticiels vidéo ou des notes d'information.

Les compétences fondamentales doivent être développées : la maîtrise d'un budget n'exige pas une parfaite compréhension des questions économiques complexes, mais plutôt des arbitrages à opérer dans un contexte plus global. Les programmes adoptés doivent être axés sur une simplification des notions complexes et s'appuyer sur des discours clairs et des exemples concrets, et ce, pour donner aux responsables de l'action publique les moyens d'évaluer l'incidence à long terme des décisions prises aujourd'hui.

2.1. Comment les pays de l'OCDE rendent les budgets plus accessibles pour les principaux décideurs

Au fil du temps, les tensions sur les dépenses observées dans des domaines de l'action publique toujours plus sophistiqués ont entraîné une augmentation croissante de la complexité des systèmes et des documents budgétaires. Ces tensions ont par là même rendu plus difficiles les discussions au parlement sur les priorités en matière de politiques publiques, au point de nuire aux débats sur les moyens de rétablir l'équilibre des finances publiques et d'entraver la communication avec les citoyens.

Cette complexité ne fait qu'accentuer les difficultés intrinsèques auxquelles sont confrontés les parlementaires et autres responsables politiques pour prendre la pleine mesure des enjeux liés aux finances publiques. Ces difficultés peuvent être encore aggravées en l'absence d'un soutien approprié, de formations spécifiques ou de solides connaissances. Dès lors qu'ils ont pleinement conscience des tensions qui s'exercent sur les budgets publics et des répercussions des différents choix stratégiques sur la durée, les décideurs sont mieux à même d'orienter efficacement les débats, d'expliquer les motivations sous-jacentes à l'action publique et de prendre des décisions qui contribuent réellement à restaurer les finances publiques. Cette compréhension des enjeux budgétaires leur permet également de communiquer plus ouvertement avec la population, de renforcer la confiance et de susciter la volonté politique nécessaire pour rétablir l'équilibre des finances publiques de manière crédible et durable.

Les efforts déployés par certains parlements pour soutenir les élus dans leur rôle de contrôle budgétaire apportent un éclairage sur les actions mises en œuvre par les pays de l'OCDE dans le but de démystifier les questions budgétaires pour les principaux décideurs. Lorsque les parlements prennent des mesures pour renforcer les connaissances des décideurs sur les enjeux budgétaires propres au contexte national, celles-ci sont souvent mises en œuvre par des unités techniques internes, chargées de soutenir la surveillance budgétaire au sein des parlements.

Les initiatives actuellement menées par ces unités techniques pour améliorer la compréhension des finances publiques incluent notamment la publication de supports d'information et d'outils interactifs. Ces unités proposent ainsi des points d'information ciblés et des sessions de formation, des services d'enquête confidentiels ou encore de courtes vidéos, infographies ou notes explicatives (voir le Graphique 2.1).

Graphique 2.1. Comment les services parlementaires du budget renforcent-ils les connaissances des élus en matière de finances publiques dans les pays de l'OCDE

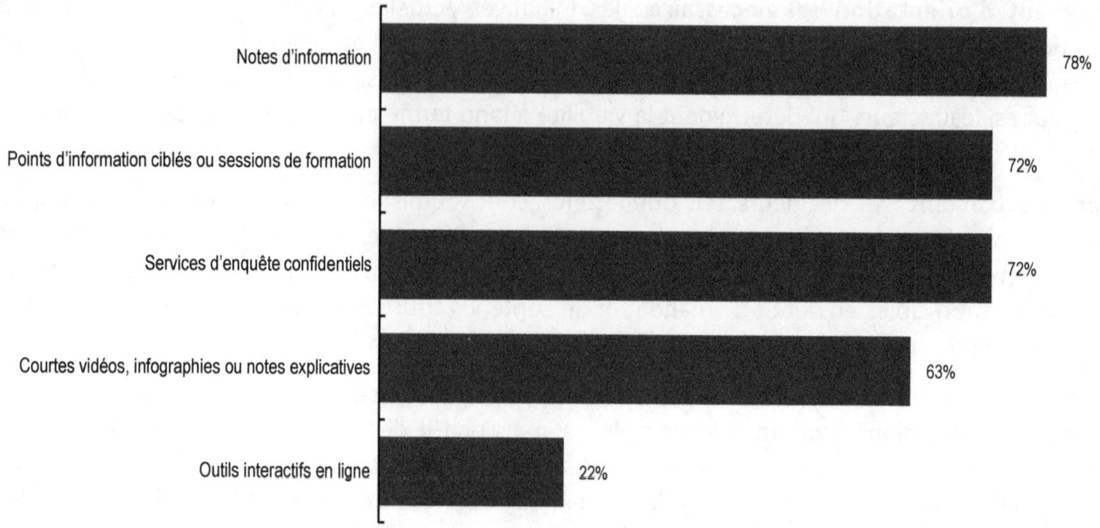

Note : Ce graphique concerne uniquement les services assurés par des experts relevant des services parlementaires. N = 32 pays de l'OCDE
Source : OCDE (2025), *Survey on Parliamentary Budget Oversight.*

StatLink https://stat.link/anx6jv

L'ampleur de ces efforts varie de manière sensible suivant les pays. Dans les pays les moins diligents, ces efforts sont sporadiques et ponctuels. À l'autre extrémité, ils sont à la fois beaucoup plus complets et structurés.

L'un des principaux enjeux reste néanmoins l'orientation de ces efforts. Dans l'idéal, les initiatives visant à démystifier le budget devraient couvrir les principes de base des finances publiques. Elles devraient ainsi permettre de mieux comprendre les enjeux globaux majeurs y afférents, comme la viabilité budgétaire ou l'importance de la croissance économique, et de mettre en évidence les grands défis à relever en matière de finances publiques, tels que le coût du maintien des dépenses actuelles dans un contexte de vieillissement de la population, l'augmentation du coût des pensions et des soins de santé, le départ à la retraite progressif de la main-d'œuvre ou encore le coût des événements météorologiques extrêmes. Avoir conscience des arbitrages sous-jacents peut également aider les décideurs à défendre plus clairement la nécessité d'agir.

Sur les 38 pays de l'OCDE, seuls 10 indiquent avoir prévu une formation à la culture budgétaire dans les activités communes d'intégration au parlement (OCDE, à paraître[11]). Pour une grande partie d'entre eux, les dispositifs proposés aux parlementaires ont un périmètre relativement restreint et mettent souvent l'accent sur des aspects de mécanique budgétaire, et notamment sur la manière dont le budget et les projets de loi sont adoptés. De nombreuses initiatives peuvent être mises en place pour créer une plateforme complète et cohérente, grâce à laquelle les responsables de l'action publique pourront acquérir une compréhension plus approfondie des finances publiques et répondre efficacement aux principaux enjeux budgétaires.

2.1.1. L'intensité des activités de renforcement des connaissances des principaux décideurs en matière de finances publiques n'est pas uniforme

Il existe plusieurs exemples de pays de l'OCDE à avoir mis en place des initiatives visant spécifiquement à démystifier les questions budgétaires pour les principaux décideurs et à améliorer leur compréhension de la viabilité budgétaire. Lorsque de telles initiatives sont adoptées, elles revêtent généralement trois formes différentes, allant de dispositifs sporadiques et ponctuels à des programmes beaucoup plus complets et structurés.

1) Faible intensité : initiatives sporadiques et ponctuelles consacrées à des thèmes précis

À une extrémité du spectre des initiatives mises en place se trouvent les initiatives sporadiques portant sur des thèmes précis, conçues pour informer les parties prenantes, telles que les élus, sur des dimensions essentielles des finances publiques. Celles-ci consistent généralement en l'organisation ponctuelle d'ateliers, de séminaires, de conférences ou de sessions de formation, lesquels ont tendance à être axés sur un aspect technique particulier de l'élaboration d'un budget, sans chercher à donner aux parties prenantes une vision globale de la politique budgétaire.

En **Espagne** par exemple, l'Autorité indépendante pour la responsabilité budgétaire (*Autoridad Independiente de Responsabilidad Fiscal*, AIReF) organise chaque année un atelier ouvert à l'ensemble des partis politiques. Ces ateliers couvrent les principaux domaines de travail de l'AIReF et abordent différents thèmes clés de son activité. L'un des thèmes envisagés en 2024 était ainsi le nouveau système de règles budgétaires issu de la réforme de la gouvernance économique de l'Union européenne.

Autre exemple, en **Irlande**, le Conseil consultatif budgétaire (*Irish Fiscal Advisory Council*) organise quant à lui chaque année la conférence « *Path for the Public Finances* », afin de renforcer la sensibilisation à des enjeux à long terme de politique budgétaire susceptibles de susciter moins d'intérêt dans le débat national. Ces conférences ont par le passé notamment porté sur l'évaluation de la viabilité budgétaire à long terme, les principaux risques budgétaires, le climat et les dépenses d'investissement, et sont ouvertes aux parlementaires, en particulier aux membres de commissions chargées des questions budgétaires.

Enfin, en **Slovénie**, le Conseil budgétaire (*Fiskalni svet*) a organisé un atelier exceptionnel pour étudier les aspects techniques du Pacte de stabilité et de croissance de l'Union européenne. Bien qu'elle ait suscité un fort intérêt auprès des élus, cette initiative était essentiellement axée sur des questions d'ordre technique.

2) Intensité modérée : efforts plus réguliers et plus ciblés

Au centre du spectre des initiatives visant à renforcer la compréhension des finances publiques se trouvent les activités régulières non structurées, à destination des responsables de l'action publique. Ces initiatives favorisent une meilleure maîtrise des questions budgétaires, et ce, de manière plus ciblée. Si elles ne constituent pas des programmes de formation à part entière, elles peuvent néanmoins offrir un soutien direct sur différentes questions dès que nécessaire ou après la réalisation d'un travail préliminaire par les analystes. Ces initiatives peuvent être mises en œuvre régulièrement par les principaux décideurs et sont souvent organisées à titre confidentiel.

Au **Mexique**, le centre d'études sur les finances publiques (*Centro de Estudios de las Finanzas Públicas*, CEFP), à l'instar de nombreux autres offices budgétaires parlementaires, joue un rôle essentiel pour aider les élus à mieux comprendre les rouages complexes du budget mexicain. Le CEFP produit régulièrement des rapports et des analyses à la demande de commissions ou de membres du Congrès. Ses réponses sont généralement transmises par écrit dans un délai moyen de 30 à 45 jours. Par ailleurs, pour permettre aux législateurs de mieux appréhender l'ensemble des aspects techniques et conceptuels, le CEFP propose une série de brochures d'information sur les notions fondamentales. Dans le cadre de cette série sont abordées la terminologie et les classifications utilisées pour l'élaboration du budget fédéral. La brochure de septembre 2023 portait par exemple sur les procédures concernées, certaines notions économiques et classifications budgétaires essentielles, et le calendrier d'approbation, et proposait une présentation des résultats budgétaires récents.

De la même manière, en **Australie**, les parlementaires bénéficient d'un soutien sur mesure, assuré par les services d'évaluation du coût des politiques de l'Office parlementaire budgétaire australien (*Australian Parliamentary Budget Office*, PBO). Cette initiative permet de répondre aux besoins des parlementaires de façon à la fois relativement informelle et interactive. Le PBO encourage les parlementaires à engager avec lui un dialogue informel avant toute demande concernant les services d'évaluation du coût des politiques qu'il propose. Le PBO échange également avec les parlementaires lors de la préparation de ses réponses. Cette interactivité est perçue comme une approche positive qui a permis d'améliorer l'élaboration des politiques publiques de manière plus générale.

Ce type de soutien permet aux principaux décideurs de renforcer plus régulièrement leurs connaissances dans le domaine des finances publiques. L'objet de ces initiatives est souvent déterminé par la demande, à mesure que les problèmes apparaissent, à quelques exceptions près toutefois comme dans le cas du CEFP au Mexique. De façon générale, elles ont également tendance à porter sur les aspects techniques du processus d'élaboration du budget, plutôt qu'à permettre une compréhension plus poussée des enjeux budgétaires.

3) Forte intensité : programmes réguliers, structurés et complets

À l'autre extrémité du spectre des initiatives visant à renforcer la compréhension des finances publiques se trouvent ainsi un ensemble d'actions plus complètes et plus fréquentes. Ces programmes ont pour objectif d'examiner les subtilités de la politique budgétaire, telle qu'elle est mise en œuvre, et peuvent couvrir tout un ensemble de questions, comme les modalités d'élaboration de la politique budgétaire, l'affectation des ressources, la surveillance des dépenses et la responsabilité financière.

Ces initiatives peuvent avoir des objectifs variés. Dans certains cas, elles ont précisément pour but d'apporter une aide aux responsables de l'action publique en leur proposant des conseils pratiques pour mieux appréhender les difficultés inhérentes à l'élaboration d'un budget. Dans d'autres cas, elles visent à favoriser une gouvernance à la fois plus efficace et plus éclairée.

En termes de mise en œuvre, ces programmes suscitent généralement une plus large participation et réunissent les principaux décideurs dans le cadre d'ateliers pratiques, de séminaires et de séances interactives. Elles permettent en principe de créer un environnement d'apprentissage sûr et sans jugement.

Au **Royaume-Uni** par exemple, le Centre d'information du Parlement écossais (*Scottish Parliament Information Centre*, SPICe) propose, outre des informations et des analyses, différentes formations aux parlementaires nationaux. Par l'intermédiaire de son unité de contrôle financier (*Financial Scrutiny Unit*, FSU), le SPICe vise à aider les parlementaires à examiner les questions budgétaires avec davantage d'efficacité.

À ces fins, le FSU s'appuie sur une série d'approches novatrices. Quatre formes principales d'intervention sont ainsi prévues pour améliorer les connaissances des parties prenantes sur différents aspects des finances publiques.

Le FSU organise premièrement une activité d'initiation à la budgétisation au début du mandat de chaque nouveau gouvernement, considérant qu'il s'agit d'une période critique pour favoriser l'appropriation des enjeux budgétaires par les élus. Cette période est en effet le moment idéal pour tirer parti de l'enthousiasme initial suscité par cette prise de fonction, puisqu'elle s'accompagne également d'une volonté accrue d'apprendre. Elle intervient en outre avant la nomination officielle des élus au sein de commissions spécifiques. Le FSU profite de cette activité pour souligner l'importance de mettre l'accent sur des aspects fondamentaux et sur des domaines essentiels de l'action publique, plutôt que de chercher à couvrir trop de thèmes à la fois. Cette approche contribue à garantir des effets au-delà du cycle politique et des retombées à plus long terme. Une session facultative de remise à niveau est par ailleurs proposée au bout de deux ans.

Le FSU organise aussi régulièrement des réunions d'information, revêtant elles-mêmes différentes formes. Les séminaires « petits-déjeuners » en sont un exemple. Ceux-ci rencontrent généralement un vif succès car ils répondent bien aux disponibilités des élus et sont pour eux l'occasion de mener des réflexions selon la règle de confidentialité dite de « Chatham House » avant de se consacrer aux questions prévues à l'ordre du jour. Lorsque des intervenants extérieurs sont invités, en particulier s'il s'agit de personnalités de premier plan, ces séminaires ont tendance à être encore plus populaires. C'est par exemple à l'occasion d'un tel séminaire que la Commission budgétaire écossaise a présenté son tout premier rapport de viabilité budgétaire. Les réunions privées constituent une autre forme de réunion d'information dont la particularité est de permettre de poser des questions plus librement. Des réunions d'information peuvent également être destinées à des parlementaires spécifiques, afin d'en faire des experts sur des sujets précis et de leur permettre ainsi d'exercer une influence positive au sein de leurs partis respectifs.

Le FSU organise également chaque année une journée de planification, généralement de manière délocalisée, à un moment opportun du calendrier parlementaire de sorte à permettre une préparation en amont, par exemple avant la trêve estivale. Cette journée donne au FSU la possibilité d'entrer en contact direct avec les élus, tout en œuvrant à la planification des programmes de travail des commissions pour l'année à venir. Elle permet plus particulièrement d'aborder des questions fondamentales en dehors du cadre des activités quotidiennes. Il s'agit d'une occasion unique de revenir sur certains des grands principes et enjeux budgétaires auxquels sont confrontés les responsables de l'action publique.

Le FSU met enfin à la disposition des parties prenantes politiques, mais aussi du grand public, toute une série d'outils en ligne, de visualisations de données et de didacticiels vidéo, couvrant un ensemble de thèmes, tels que les processus budgétaires, les dernières évolutions en termes de dépenses et de fiscalité, les dépenses budgétaires actuelles, les obligations fiscales liées à l'impôt sur le revenu des personnes physiques ou encore la décentralisation des financements.

Autre exemple au **Royaume-Uni**, l'unité de contrôle (*Scrutiny Unit*) du Parlement a été créée en 2002, après qu'une commission a déterminé que certaines commissions spéciales pourraient avoir besoin d'un soutien complémentaire pour examiner différents domaines budgétaires faisant l'objet d'une réforme. Le rôle de cette unité est ainsi de soutenir les travaux de la Chambre des communes en mettant son expertise technique à la disposition des commissions spéciales, notamment sur les questions financières et les projets de loi. Cette unité compte un ensemble de spécialistes du droit, de la comptabilité, des politiques publiques, de l'économie ou encore des statistiques, et propose aux parlementaires et à leurs assistants des analyses, des conseils, des rapports, et même des propositions de questions. Parallèlement à ses travaux auprès des élus, l'unité de contrôle encourage les ministères à renforcer la qualité des informations qu'ils publient.

Une dimension importante des travaux de cette unité consiste à proposer aux élus des sessions de formation spécialement conçues pour répondre aux besoins des parlementaires et de leurs assistants. Ces sessions abordent un éventail de thèmes, comme les processus législatifs, les techniques de contrôle financier, l'analyse des politiques et autres aspects pertinents susceptibles d'améliorer l'efficacité du contrôle et de la surveillance du Parlement. Le contenu et la fréquence de ces sessions de formation peuvent varier en fonction de l'évolution des besoins des parlementaires et des propres priorités de l'unité de contrôle.

Des dispositifs de soutien comparables sont également prévus aux **États-Unis**. Ensemble, les travaux de la Commission de la Chambre des représentants des États-Unis sur la modernisation (*United States House Modernization Committee*) et du Service de recherche du Congrès (*Congressional Research Service*) renforcent non seulement la compréhension des enjeux budgétaires par les responsables de l'action publique, ils favorisent aussi une gouvernance efficace en matière de politique budgétaire.

La Commission de la Chambre des représentants des États-Unis sur la modernisation joue un rôle déterminant dans la promotion des initiatives visant à approfondir les connaissances des responsables de l'action publique sur les questions budgétaires. Créée en 2019, cette Commission met l'accent sur la modernisation du fonctionnement et des pratiques de la Chambre des représentants, de manière à répondre efficacement aux besoins des parlementaires.

L'un des aspects essentiels des travaux de cette Commission est l'organisation de programmes d'intégration pour les nouveaux membres de la Chambre. La Commission bénéficie du soutien du Service de recherche du Congrès dans la coordination de ces programmes. Par ailleurs, en tirant parti des outils et plateformes numériques, elle offre un accès simplifié aux données, aux analyses et aux ressources éducatives en matière budgétaire, permettant par là-même aux élus de prendre des décisions plus éclairées sur les questions liées au budget.

Le Service de recherche du Congrès joue également un rôle essentiel d'accompagnement, en proposant aux responsables de l'action publique des travaux de recherche à la fois complets et exempts de tout biais sur les enjeux budgétaires. En tant qu'organe de recherche du Congrès des États-Unis, ce service produit des analyses approfondies, prépare des rapports et prodigue des conseils d'experts sur un large éventail de sujets, dont la budgétisation, la fiscalité ou les politiques économiques. Ses travaux permettent aux législateurs de disposer des informations nécessaires pour appréhender efficacement les enjeux budgétaires complexes. Le Service de recherche collabore également souvent avec des commissions du Congrès et des législateurs à titre individuel afin d'adapter ses travaux et de répondre plus précisément à des demandes spécifiques dans l'élaboration des politiques publiques.

L'un des principaux enseignements tirés des rares rapports d'évaluation consacrés à ces programmes (Ross, McIntyre et Roy, 2021[2]) est qu'il existe un risque que les pays consacrent trop de temps aux aspects techniques des cadres budgétaires, et ce, potentiellement au détriment d'aspects essentiels revêtant une importance particulière pour la viabilité budgétaire à moyen ou long terme (voir l'Encadré 2.1). Il peut par ailleurs être difficile pour les principaux décideurs de déceler les tendances importantes et d'interpréter les résultats budgétaires lorsque des volumes conséquents de données leur sont fournis sous forme de rapports.

Encadré 2.1. Efficacité des initiatives visant à renforcer la compréhension des finances publiques en Écosse

L'expérience de l'Écosse fournit un éclairage précieux sur l'efficacité des initiatives visant à renforcer la compréhension des questions budgétaires par les élus.

L'enquête

En 2021, le Centre d'information du Parlement écossais (*Scottish Parliament Information Centre*, SPICe), l'université de Strathclyde et l'université de Glasgow ont conjointement publié les résultats d'une étude inédite (Ross, McIntyre et Roy, 2021[2]), fondée sur une enquête à laquelle ont participé 27 membres du Parlement écossais (20 % des parlementaires), assortie d'entretiens approfondis menés auprès de 23 personnalités de premier plan, dont des parlementaires de haut rang. Cette enquête avait pour objectif de recueillir leur avis sur leur compréhension des compétences budgétaires de l'Écosse et sur leur capacité à contrôler ces compétences.

Une évaluation personnelle plutôt positive, mais sévère entre parlementaires

La majorité des parlementaires considèrent avoir une relativement bonne compréhension du processus budgétaire et des compétences du Parlement en la matière (estimant leur niveau de compréhension à 7.1/10 en moyenne ; 10 correspondant à une compréhension « très fine » et 0 à une compréhension « très faible »). Ils estiment toutefois que les autres parlementaires n'ont globalement qu'une compréhension limitée des questions budgétaires (3.6/10). Sur la question des progrès réalisés, l'opinion majoritaire est que les contrôles « se sont légèrement améliorés » ou « n'ont pas évolué ».

Une surveillance budgétaire élargie, mais pas assez approfondie

L'une des principales conclusions du rapport est que les parlementaires considèrent que si la surveillance budgétaire s'est élargie, elle reste peu approfondie. Autrement dit, si le nombre de domaines examinés a augmenté, cet examen n'a pas permis une meilleure compréhension des domaines essentiels. Plus précisément, les parlementaires considèrent que cet élargissement s'est fait au détriment d'une analyse plus approfondie des défis structurels à relever en matière de finances publiques en Écosse.

Plusieurs explications sont avancées. La première est qu'il est possible que ce cadre ait besoin de temps pour produire ses effets, en particulier suite au Brexit et à la pandémie de COVID-19. La deuxième est que les nouvelles compétences budgétaires de l'Écosse sont complexes, notamment pour ce qui est des dotations globales, des impôts cédés, partagés ou affectés, etc. La troisième est qu'il subsiste un important déficit d'information. Malgré la grande quantité de données disponibles et certains rapports atteignant plusieurs centaines de pages, les parlementaires estiment ne pas disposer de suffisamment de données de séries chronologiques sur les domaines de dépenses ou de suffisamment d'informations sur les tendances à long terme, et qu'il leur est par conséquent difficile d'établir un lien entre les projets de budget et les résultats définitifs.

L'un des participants résume parfaitement les inquiétudes exprimées sur le manque d'attention accordée aux aspects structurels :

« Nous avons passé tellement de temps à essayer de décortiquer les mécanismes du nouveau cadre budgétaire écossais que nos débats en sont venus à négliger la vision d'ensemble, et notamment les enjeux structurels, qu'ils soient économiques, démographiques, sociaux ou environnementaux, et qui exerceront une tension importante sur la viabilité du budget de l'Écosse sur le long terme ou nuiront à la capacité des responsables de l'action publique à mettre en œuvre les changements nécessaires. Ces lacunes sont d'ailleurs souvent mises en évidence à l'occasion des séances de témoignage. »

Le temps est précieux

Cette étude met enfin en évidence une inquiétude générale liée au fait que la durée de la surveillance budgétaire reste limitée et que le temps qui y est consacré pourrait souvent être utilisé de manière plus efficace. Les parlementaires estiment en effet qu'il serait préférable de se concentrer sur des aspects prioritaires, tels que les débats sur l'optimisation des ressources ou les résultats budgétaires.

Source : (Ross, McIntyre et Roy, 2021[2]).

2.2. Adopter des bonnes pratiques pour renforcer la compréhension des finances publiques

Une bonne maîtrise du fonctionnement des finances publiques peut s'avérer essentielle pour permettre des choix budgétaires judicieux. Les nouvelles approches adoptées devraient ainsi favoriser une compréhension plus approfondie de cette question. Il est donc indispensable d'encourager la mise en œuvre d'approches plus complètes, mieux structurées et permettant une participation plus large.

Pour déterminer comment améliorer efficacement la compréhension des finances publiques par les principaux décideurs, il est possible de tirer des enseignements des efforts importants déjà déployés dans le but de renforcer la culture financière.

Les travaux menés par l'OCDE dans ce domaine montrent que les niveaux observés de culture financière sont souvent relativement faibles. En 2023, l'Enquête internationale de l'OCDE/INFE sur la culture financière des adultes a révélé que trois adultes sur cinq n'atteignent pas l'objectif minimum de culture financière (OCDE, 2023[3]). En termes de compétences, plus de quatre adultes sur cinq n'utilisent jamais les mathématiques avancées ou les statistiques dans leur vie quotidienne. Les trois quarts des adultes ne lisent que rarement des graphiques (Jonas, 2018[4]).

La récente initiative conjointe de l'Union européenne et de l'OCDE visant à établir un cadre de compétences financières pour les adultes dans l'Union européenne (*Financial competence framework for adults in the European Union*) établit les bases d'une approche davantage coordonnée pour une amélioration de la culture financière dans l'ensemble de l'UE. Elle s'appuie également sur des cadres existants de l'OCDE couvrant les compétences fondamentales en matière de culture financière.

Ces initiatives contribuent à promouvoir une compréhension commune et la mise en place d'une plateforme centralisée permettant de renforcer les connaissances, les compétences, les attitudes et les comportements nécessaires à une prise de décisions éclairée en matière budgétaire. Elles devraient à terme contribuer à améliorer le bien-être financier des citoyens.

Comment ces enseignements peuvent-ils être appliqués dans le cas des finances publiques ? La présente section met en évidence la manière dont les pays peuvent renforcer leurs travaux dans ce domaine. Elle s'attache d'abord à déterminer qui pourrait assumer la responsabilité d'améliorer le niveau de compréhension des principales parties prenantes, y compris les élus et le grand public. Elle examine ensuite les ressources essentielles susceptibles de renforcer la compréhension des finances publiques. Cette section s'intéresse enfin aux meilleurs moyens de mettre en œuvre ces initiatives tout en optimisant leur efficacité.

2.2.1. Qui peut guider les efforts de renforcement de la compréhension des finances publiques ?

Les acteurs ayant déjà fait preuve d'initiative en faveur d'un renforcement des connaissances en matière de budgets publics, à savoir les institutions financières internationales et les organes à l'appui de la surveillance budgétaire des parlements (ainsi que les ministères des Finances) ont un rôle important à jouer pour améliorer la compréhension des finances publiques. Ces travaux pourraient également bénéficier du soutien des institutions supérieures de contrôle.

Dans le cas des organes qui mènent déjà ce type de travaux, elles devront redoubler d'efforts, mais aussi mettre l'accent sur des aspects fondamentaux de la viabilité budgétaire et sur les principaux défis auxquels sont confrontés les pays de l'OCDE. Ils devront pour cela mener des actions plus ciblées, mieux structurées et plus innovantes. Les acteurs qui n'ont encore pris aucune mesure en ce sens devront quant à eux passer rapidement à l'action.

2.2.2. Compétences fondamentales – Sur quoi devraient se concentrer les efforts d'amélioration de la compréhension des finances publiques ?

Les efforts visant à renforcer la culture financière dans l'ensemble de l'OCDE sont depuis longtemps axés sur ce que l'on considère comme des « compétences fondamentales », présentant un intérêt et une pertinence universellement reconnus pour préserver ou améliorer le bien-être financier des citoyens au quotidien (OCDE, 2018[5]).

Dans le domaine des finances publiques, en quoi pourraient consister ces compétences fondamentales ? Il convient, avant toute chose, de comprendre pourquoi, de manière plus globale, ces compétences revêtent une importance particulière. Plutôt que de mettre l'accent sur des aspects spécifiques des processus budgétaires au niveau national, il serait préférable d'approfondir la compréhension des principes budgétaires essentiels, de manière à établir une base sur laquelle les citoyens pourront eux-mêmes améliorer leurs connaissances. Ce n'est qu'à ce stade que des aspects plus complexes et spécifiques à chaque pays pourront être explorés.

Les trois thèmes suivants pourraient constituer le socle de tout programme de travail : l'importance des règles budgétaires, les tenants de la viabilité budgétaire et les conséquences à long terme des décisions politiques.

Pourquoi les pays mettent-ils en place des règles budgétaires ?

Les règles budgétaires sont souvent sources de perplexité et de frustration pour ceux qui les évaluent. Dans le cas des élus, en plus d'être extrêmement complexes, ces règles contribuent également à freiner leurs ambitions budgétaires. Les débats portant sur les règles budgétaires ont par conséquent tendance à se concentrer sur la marge de manœuvre budgétaire à court terme qui en résulte, ce qui nuit inévitablement aux objectifs de ces mêmes règles budgétaires et aux résultats recherchés.

Graphique 2.2. Trois années sur quatre en situation de déficit budgétaire

Pourcentage d'années en situation de déficit budgétaire, 1995-2025

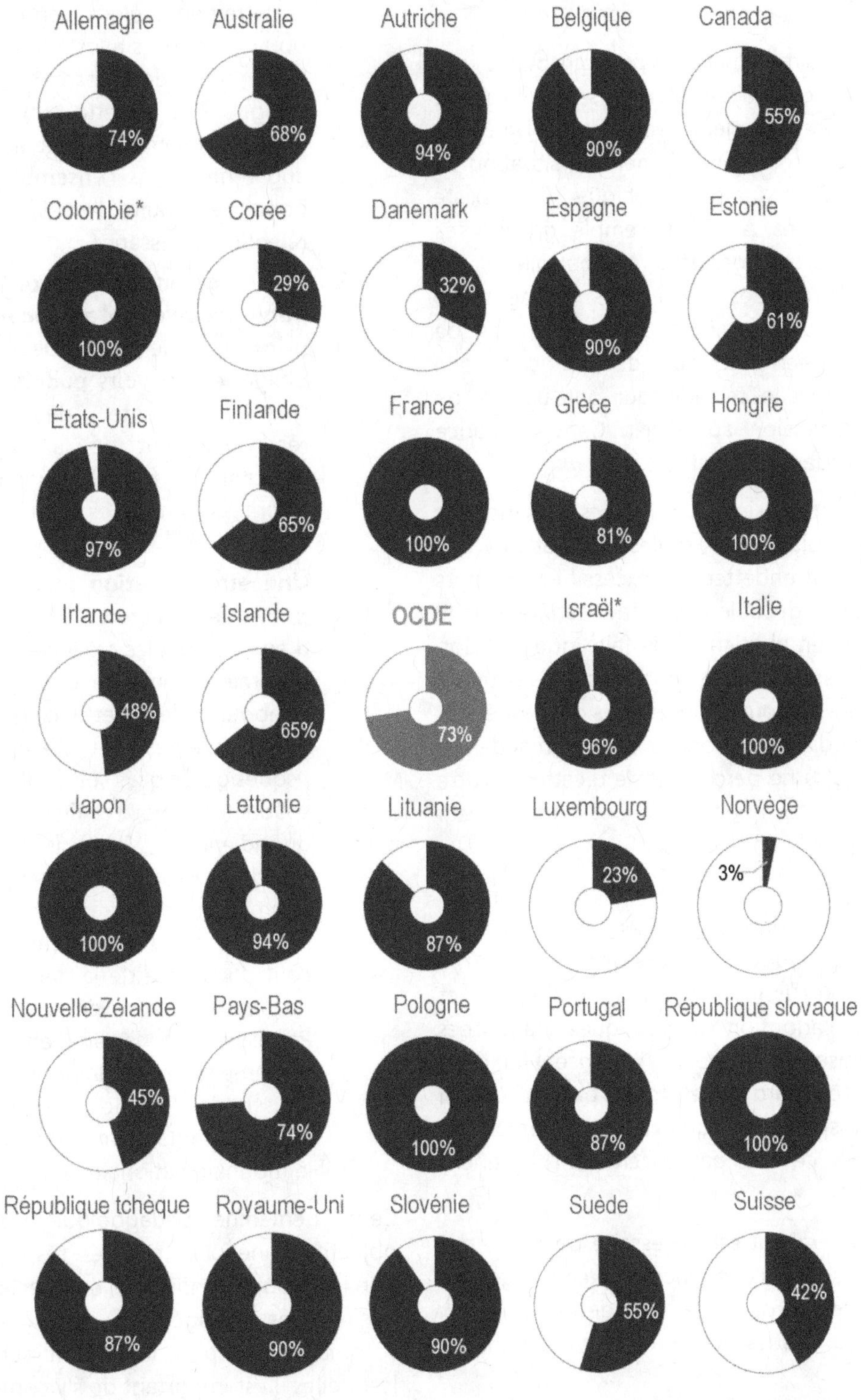

Note : L'astérisque « * » indique les pays pour lesquels la couverture des données n'est que partielle. Pour la Colombie, les données disponibles couvrent uniquement la période 2000-2023 ; pour Israël, la période 1998-2023 ; et pour la Türkiye, l'année 2009. La Colombie et Israël ne sont par conséquent pas inclus dans la moyenne OCDE ; la Türkiye n'est quant à elle pas prise en compte dans l'analyse.

Source : (OCDE, 2025[6]).

StatLink https://stat.link/qxad5f

Une bonne compréhension des raisons pour lesquelles les règles budgétaires ont été mises en place constitue une compétence fondamentale qui peut être particulièrement utile aux principaux décideurs.

Pour dire les choses simplement, les pouvoirs publics ont notoirement tendance à laisser filer leurs déficits. Cette propension est relativement répandue. Dans la zone OCDE, les pays sont généralement en situation de déficit trois années sur quatre (Graphique 2.2). Il existe bien sûr des exceptions. À titre d'exemple, grâce à ses abondantes ressources gazières et pétrolières, la Norvège enregistre des excédents budgétaires persistants. On trouve également des exemples de cadres budgétaires bien gérés dans des pays comme le Canada ou la Nouvelle-Zélande qui ont permis de contenir leur propension au déficit. Cette tendance générale est cependant indéniable.

Pour freiner cette propension au déficit, les pays mettent généralement en place des règles budgétaires, de manière à éviter tout endettement excessif et les effets préjudiciables qui en découlent. On peut estimer que le problème fondamental tient au fait que l'action budgétaire ne souffre d'aucune limite. Les États peuvent en effet, sans se soucier outre mesure des conséquences potentielles immédiates, répondre à la demande en dépensant plus qu'ils ne perçoivent de recettes au titre des impôts. Les règles budgétaires ont pour objectif d'encadrer cette trop grande liberté.

Les initiatives visant à renforcer la compréhension des finances publiques doivent préciser clairement les conséquences d'un endettement excessif. De la même manière, les répercussions sociales, politiques et économiques de l'adoption de politiques inadaptées devraient être mises en évidence. La crise financière mondiale offre à cet égard des exemples parlants dont il serait utile de s'inspirer. Bien qu'extrême, l'exemple de l'Irlande est dans ce cas particulièrement pertinent (Encadré 2.2).

De façon plus générale, il est nécessaire de permettre une meilleure prise de conscience des conséquences d'une augmentation incontrôlée de la dette publique[1]. Les trois principaux risques d'endettement excessif sont les suivants :

1. **Une augmentation incontrôlée de la dette publique nuit à la croissance et limite la capacité à faire face aux crises** : un endettement élevé entrave l'aptitude des pouvoirs publics à lutter contre les récessions et autres types de crises par une augmentation du budget. Plus la dette publique augmente, plus les coûts d'emprunt ont eux aussi tendance à augmenter dans l'ensemble de l'économie, au point de réduire l'investissement privé et de ralentir la croissance.
2. **Une augmentation incontrôlée de la dette publique relègue au second plan les autres priorités** : une hausse des paiements d'intérêts oblige les pouvoirs publics à affecter une part plus importante de leur budget au remboursement de la dette, ce qui limite d'autant les fonds disponibles pour d'autres priorités, comme les infrastructures, l'éducation ou la santé.
3. **Une augmentation incontrôlée de la dette publique accroît le risque de crises d'envergure** : les créanciers des États concernés pourraient remettre en doute leur capacité à rembourser leur dette, ce qui pourrait entraîner une hausse des coûts d'emprunt et accroître les risques qu'un pays soit confronté à des difficultés soudaines pour financer ses dépenses quotidiennes. Dès lors que le niveau d'endettement d'un pays est élevé, toute augmentation des taux d'intérêt entraîne une hausse proportionnellement plus importante du coût du service de la dette et accentue ainsi le risque d'une crise de financement inattendue. Par ailleurs, un niveau d'endettement élevé peut également amener la population à anticiper une hausse de l'inflation de manière à réduire la dette, et par là même ébranler la confiance dans la monnaie nationale.

Cette démarche pédagogique poursuit un double objectif: d'une part, que les responsables de l'action publique approfondissent encore leur compréhension des règles budgétaires et, d'autre part, qu'ils communiquent plus largement sur les raisons pour lesquelles il est important de s'y conformer.

Encadré 2.2. Exemples concrets à l'appui d'un renforcement de la compréhension des finances publiques : l'expérience de l'Irlande en matière d'austérité

L'expérience de l'Irlande en matière d'austérité permet d'illustrer de manière claire et saisissante le danger des risques budgétaires. Les exemples concrets de ce type sont un moyen particulièrement efficace d'aider les élus à mieux comprendre comment les risques pesant sur la viabilité budgétaire peuvent se manifester dans la réalité.

Dans le cas de l'Irlande, cette austérité ne relevait pas d'une idéologie visant à réduire les dépenses publiques, ni ne constituait un outil utilisé pour lutter contre des gaspillages perçus ou des risques d'aléas moraux. Elle était plutôt la conséquence de décisions politiques antérieures (Honohan, 2017[7]) ayant mené à une incapacité soudaine de financer les dépenses courantes.

Suite à une forte expansion budgétaire opérée dans les années 2000, l'Irlande s'est retrouvée dans une situation de dépendance excessive aux recettes fiscales générées par la bulle immobilière, elle-même alimentée par un recours démesuré à l'emprunt bancaire. Lorsque l'économie s'est contractée, une crise bancaire a éclaté et les recettes se sont taries. Afin de freiner l'augmentation de la dette publique et d'inciter les prêteurs à acheter à nouveau des titres d'État, l'Irlande a procédé à un ajustement budgétaire de grande ampleur. Les répercussions économiques, sociales et politiques de cet ajustement ont été considérables.

Sur le plan économique, cet ajustement s'est traduit par sept années consécutives d'austérité budgétaire. Cet assainissement budgétaire représentait ainsi chaque année 3.2 % du revenu national. Cet effort revenait donc à trouver, chaque année pendant sept ans, l'équivalent d'un quart des dépenses de sécurité sociale d'un pays représentatif de l'OCDE. Ces baisses de dépenses et ces hausses d'impôts se sont produites au moment même où l'économie au sens large entrait en récession. Compte tenu des dépenses excessives du passé, les budgets se sont resserrés, aggravant par là même la situation, plutôt que de contribuer à compenser les effets de la récession. L'alourdissement de la charge des intérêts a par ailleurs absorbé une part plus importante des recettes fiscales et limité l'affectation de ressources publiques à d'autres priorités.

Rares sont toutefois les pays susceptibles de faire face à un choc budgétaire comparable à celui qu'a connu l'Irlande. Plusieurs facteurs ont en effet contribué à cette situation particulière : l'éclatement simultané des bulles immobilière et du crédit, la nature de la réponse à la crise bancaire, ou encore l'appartenance de l'Irlande à une union monétaire et son adhésion à une monnaie commune. L'Irlande n'avait en outre enregistré un budget déficitaire qu'une seule fois entre 1997 et 2007, sa propension au déficit était par conséquent difficile à prévoir. Dans les faits, les recettes temporaires ne faisaient que masquer les problèmes sous-jacents. Ces recettes n'avaient pu être décelées par les méthodes traditionnelles d'ajustement cyclique, ce qui a compliqué la détection des déficits réels ou sous-jacents qui ont ainsi pu s'accumuler au fil du temps.

Le principe de base selon lequel le respect des règles budgétaires permet de limiter la propension au déficit reste néanmoins tout à fait valable. Les règles budgétaires ont souvent pour objectif de maintenir une croissance régulière des dépenses plutôt que de mettre l'accent sur les déficits. Appliquée correctement, cette approche aurait permis de freiner les excès budgétaires de l'Irlande pendant les années 2000 et par là même limité la nécessité de recourir à des mesures d'austérité. Les répercussions économiques, sociales et politiques auraient également été moins douloureuses.

Quels sont les tenants de la viabilité budgétaire ?

La viabilité budgétaire est un concept fondamental étroitement lié à la question des règles budgétaires, qui lui aussi peut facilement devenir beaucoup plus complexe que nécessaire.

Si la viabilité budgétaire revêt de nombreux aspects importants, la croissance reste un facteur essentiel. L'une des principales difficultés pour les décideurs est que la croissance, au même titre que les taux d'intérêt, échappe en grande partie à leur contrôle. Il est en effet difficile d'avoir une prise sur la croissance potentielle et les retombées des réformes structurelles restent incertaines.

Le solde budgétaire devient donc une composante centrale des débats, à la fois pour ce qui est de son évolution probable compte tenu des orientations politiques actuelles et des objectifs qui peuvent raisonnablement être atteints (Blanchard, Leandro et Zettelmeyer, 2021[8]).

Il est également nécessaire de tenir compte du fait que les incertitudes, et par conséquent les risques, ont tendance à être amplifiés lorsque le niveau d'endettement est élevé. Barnes, Casey et Jordan-Doak (2021[9]) illustrent parfaitement ce phénomène selon deux scénarios distincts, présentés de manière synthétique ci-dessous (Graphique 2.3). Dans le premier scénario, un pays commence avec un faible taux d'endettement, représentant 25 % du PIB. Dans le second scénario, ce taux d'endettement est élevé, à hauteur de 100 % du PIB. L'évolution de la dette est ensuite examinée sur la durée dans les deux scénarios, en fonction d'une série de taux de croissance et de taux d'intérêt.

On notera en premier lieu une différence frappante dans les trajectoires d'évolution de la dette pour ces deux scénarios au cours des dix premières années. Dans le scénario de faible endettement, quel que soit le niveau de la croissance et des taux d'intérêt, le taux d'endettement évolue à peine. À l'inverse, dans le scénario de fort endettement, les conditions en vigueur ont une incidence sensible sur le taux d'endettement.

Il convient ensuite de noter les répercussions que peut avoir un choc soudain (une récession, par exemple). Dans les deux cas, nous partons de l'hypothèse qu'un choc affecte la croissance au bout de dix ans[2]. Quel que soit le scénario, ce choc entraîne une aggravation de la dette publique. Il apparaît toutefois que l'éventail d'incidences est une nouvelle fois beaucoup plus large lorsque la dette est déjà élevée.

Graphique 2.3. Incidence des chocs : des risques amplifiés par des taux d'endettement élevés

Pourcentage du PIB, dette publique

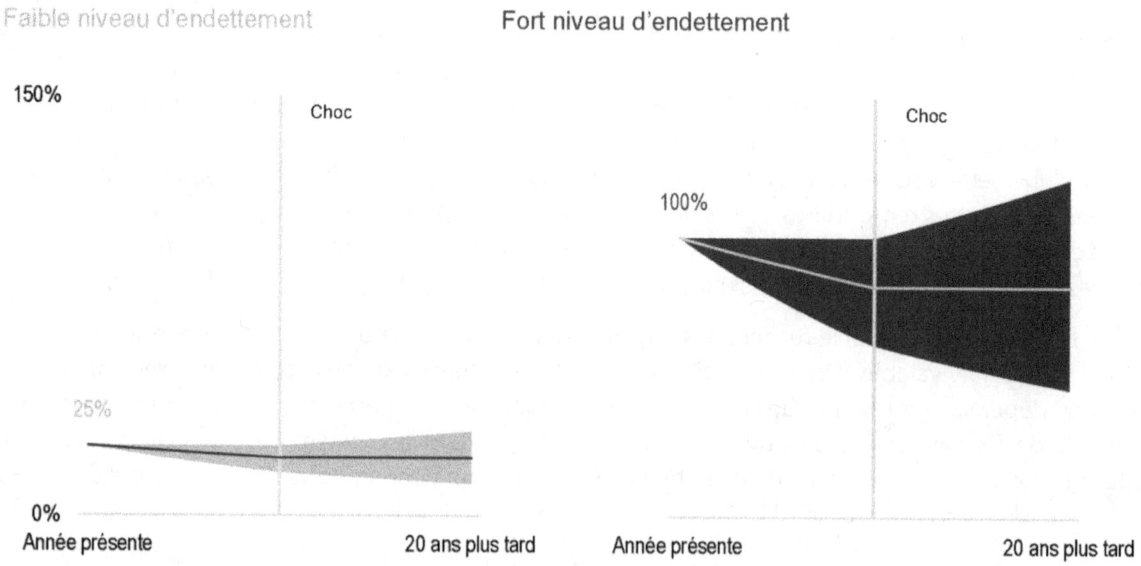

Note : Sur la base de taux d'endettement différents, le graphique montre comment le taux d'endettement public est susceptible d'évoluer en cas d'écart entre le taux d'intérêt et le taux de croissance de −5 % (plage inférieure), de −2 % (lignes médianes) et de 0 % (plage supérieure), avec un solde budgétaire excluant les intérêts à taux zéro. Ce choc illustre les répercussions possibles si le différentiel croissance-taux d'intérêt est ensuite accentué de 2 points.
Source : Adapté de Barnes, Casey et Jordan-Doak (2021[9]).

StatLink https://stat.link/7e8yka

Ce graphique met en évidence les risques d'un niveau élevé d'endettement. Lorsque les taux d'endettement sont faibles, les perspectives sont relativement prévisibles. Les conditions économiques peuvent être plus ou moins favorables qu'escompté. Toutefois, si l'endettement initial est faible, les risques sont plus limités. En revanche, dès lors que l'endettement initial est élevé, l'évolution de la situation est bien plus incertaine. La dette pourrait facilement exploser et ainsi connaître une augmentation inexorable.

En cas de difficulté, les responsables de l'action publique peuvent-ils simplement réduire les dépenses et augmenter les impôts ? Une telle approche pose deux problèmes. D'une part, les mesures adoptées sont susceptibles d'être bien plus drastiques à des niveaux d'endettement élevés, et les risques et incertitudes peuvent être plus importants. D'autre part, la capacité des responsables de l'action publique à améliorer réellement les soldes budgétaires au point d'éviter toute explosion suscite encore des doutes (Bohn, 1998[10] ; Blanchard, Leandro et Zettelmeyer, 2021[8]). Tout dépend, notamment, du niveau préalable de la fiscalité, de la capacité d'action des pouvoirs publics, du temps nécessaire à la mise en place de ces mesures ou de la durée pendant laquelle ces mesures peuvent être maintenues. Ces questions reflètent la nature des débats qui se sont tenus en 2010 concernant la dette grecque. Il s'agissait alors de déterminer si la Grèce était réellement en mesure de dégager des excédents budgétaires suffisamment importants non pas sur quelques années, mais pendant plus d'une décennie.

Comment répondre aux grands enjeux budgétaires en seulement quelques exercices ?

Les responsables de l'action publique devraient dans l'idéal prendre réellement conscience des répercussions considérables que peuvent avoir leurs décisions politiques. En effet, les choix d'aujourd'hui peuvent prendre des proportions considérables avec le temps.

Par exemple, dans le domaine de la culture financière, l'une des compétences fondamentales consiste à savoir concilier le niveau de vie et les choix de dépenses actuels avec les résultats souhaités pour l'avenir des citoyens. Cela passe notamment par l'établissement d'un système de pension adapté. Les travaux de l'OCDE en matière de culture financière montrent cependant que moins de la moitié des adultes des 21 pays et économies participants détiennent un produit d'épargne, d'investissement ou de retraite (OCDE, 2023[3]). Parmi les détenteurs de tels produits, seuls la moitié comprennent la notion d'intérêts composés.

Graphique 2.4. En cas d'intervention tardive, des hausses plus marquées des taux de prélèvements obligatoires sur les revenus sont nécessaires pour stabiliser la dette fédérale des États-Unis

Revenus du travail et du capital en pourcentage du PIB

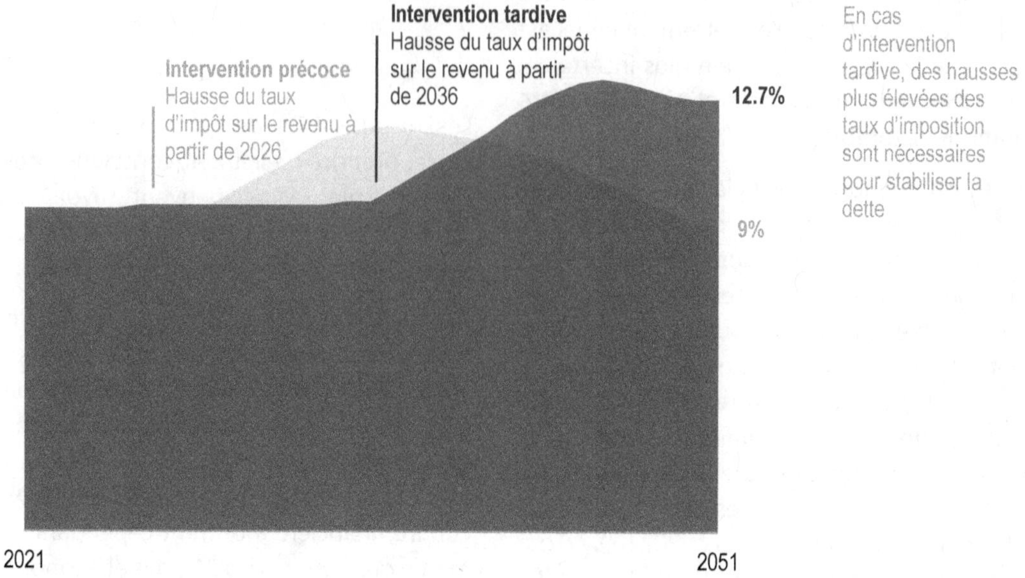

Note : Le présent graphique illustre les trajectoires des revenus du travail et du capital en pourcentage du PIB selon deux scénarios. Dans le premier scénario, les augmentations des taux d'impôt sur le revenu des personnes physiques sont échelonnées sur dix ans à partir de 2026 ; dans le second scénario, cet échelonnement se fait à partir de 2036. On part ici du principe que les taux de prélèvements obligatoires sur les revenus du travail et du capital des personnes physiques augmentent progressivement, proportionnellement aux taux prévus par la législation en vigueur.
Source : (CBO, 2022[11]).

Cela met en évidence un problème plus large au sein de la population, puisque cette dernière a du mal à extrapoler les conséquences pour l'avenir des décisions d'aujourd'hui. De la même manière, les élus devraient intégrer que les grandes décisions stratégiques, ou l'absence de décisions le cas échéant, auront des répercussions durables sur la prospérité à long terme. Cela vaut tout particulièrement pour les décisions, entre autres, relatives à l'âge de la retraite ou au fonctionnement du système de santé.

Le meilleur moyen de déterminer les répercussions à grande échelle des décisions stratégiques d'aujourd'hui est sans doute l'analyse de scénarios. Par exemple, l'Office budgétaire du Congrès des États-Unis s'est appuyé sur ses travaux sur les projections à long terme pour déterminer les conséquences d'une intervention tardive sur la stabilisation de la dette fédérale (CBO, 2022[11]). Il estime ainsi que si un ajustement devait être opéré par le biais de l'impôt sur le revenu, un report de dix ans nécessiterait une augmentation des recettes équivalant à 3.7 % du PIB, au point le plus fort, par rapport au scénario d'une intervention précoce (Graphique 2.4). Cela se traduirait à terme par une baisse bien plus importante du salaire net des travailleurs, soit presque 10 % de plus que dans le scénario d'une intervention précoce.

Ce type d'analyse permet de tirer des conclusions claires : plus une intervention est tardive, plus les changements de politique nécessaires pour stabiliser la dette sont importants. Par ailleurs, en mettant en évidence les répercussions directes sur le salaire net des travailleurs, le CBO montre de manière concrète le coût de l'inaction.

Cette analyse permet également de tirer un autre enseignement : même si les responsables de l'action publique ne disposent que d'un nombre limité d'exercices budgétaires pour mettre en œuvre leur programme d'action, des changements relativement modestes peuvent générer des résultats considérables sur la durée. Autrement dit, même si ces changements de politique se résument à de simples ajustements à court terme, leurs effets peuvent se cumuler au point d'entraîner des modifications bien plus profondes.

2.2.3. Les fondements d'un cadre plus large

Cette analyse permet d'illustrer certaines des compétences fondamentales abordées précédemment et qui pourraient être considérées comme prioritaires. Dans un cadre plus complet, ces compétences fondamentales pourraient être développées de manière plus fine. Les règles budgétaires pourraient ainsi être étoffées de manière à inclure des types spécifiques de règles, des clauses de sauvegarde ou encore des objectifs d'investissement. Les limites de la politique budgétaire en matière de soutien à la croissance à long terme, le cycle budgétaire et l'influence de la politique budgétaire sur l'inflation sont des aspects qui peuvent tous relever de la viabilité budgétaire. La mesure de l'optimisation des ressources peut également être intégrée aux discussions sur les grands enjeux budgétaires.

L'objectif est de structurer des programmes autour de domaines d'action prioritaires, de sorte à se détacher des aspects plus mécaniques des cadres budgétaires modernes.

Si la prise en compte des compétences fondamentales constitue une avancée positive, des problèmes non négligeables subsistent. Les élus ont généralement quitté le système d'enseignement formel depuis longtemps et ont nécessairement, du fait de leur engagement politique, de nombreuses responsabilités à assumer. Les finances publiques sont en outre souvent perçues comme un sujet difficile et peu attrayant. La section suivante aborde les différents moyens de surmonter ces difficultés.

2.2.4. Améliorer la compréhension des finances publiques en levant les obstacles à l'apprentissage

Si les finances publiques ne sont pas un sujet particulièrement séduisant ou simple à appréhender, elles engagent néanmoins d'importantes responsabilités. Ces facteurs peuvent être des obstacles à l'apprentissage. Compte tenu de ces difficultés, trois principes sont à retenir pour renforcer la compréhension des finances publiques :

Le temps est précieux

Le temps est une ressource limitée pour toutes les parties prenantes, en particulier pour les principaux décideurs, dont les élus, qui doivent faire face à une multitude de responsabilités, des tensions et d'échéances législatives. Il leur est difficile de consacrer du temps et de l'attention aux grands principes des finances publiques.

Pour surmonter ces contraintes de temps, les initiatives visant à améliorer la compréhension des finances publiques devraient être a) de courte durée ; b) ciblées ; et c) proposées aux moments les plus opportuns ou directement à la demande. Autrement dit, ces initiatives devraient éviter de trop entrer dans les détails des moindres particularités techniques d'un cadre budgétaire. Elles devraient en outre s'inscrire dans un cadre de soutien plus large et permettre aux principaux décideurs d'avoir accès aux informations dont ils ont besoin, dès qu'ils en ont besoin.

L'expérience des pays de l'OCDE montre que les programmes de soutien de grande ampleur sont davantage ciblés au début d'un nouveau mandat politique. Cette période initiale constitue une occasion unique d'établir un dialogue ouvert et constructif avec les nouveaux élus, et de les sensibiliser aux enjeux prioritaires. Une fois passée cette période propice, les décideurs ont inévitablement moins de temps disponible et sont également moins enclins à poser des questions susceptibles de trahir un manque de compréhension. Il leur faudra par la suite redoubler d'efforts pour trouver le temps et la motivation nécessaires pour renforcer leurs connaissances. C'est justement dans ces circonstances que les séminaires « petits-déjeuners », les journées annuelles de planification et autres initiatives ciblées peuvent s'avérer particulièrement utiles.

Il existe des méthodes éprouvées pour promouvoir l'apprentissage

De nombreuses techniques permettent d'améliorer notre capacité à acquérir des connaissances. L'Encadré 2.3 présente certaines des découvertes issues des sciences cognitives susceptibles d'être appliquées aux sessions de formation destinées aux principaux décideurs, dont les élus.

L'application des enseignements tirés des sciences cognitives présente certaines difficultés pratiques dans le cadre de l'élaboration d'interventions adaptées spécifiquement aux élus. Dans la mesure où les parties prenantes n'ont que peu de temps disponible, elles devront inévitablement en dégager et fournir les efforts nécessaires si elles souhaitent améliorer leur compréhension des finances publiques. Dans l'idéal, ces interventions devraient donc être fréquentes et de courte durée. Une préparation minutieuse est par ailleurs nécessaire pour garantir que les contenus puissent être proposés et abordés de différentes manières. Si une évaluation des connaissances des participants peut contribuer à renforcer les apprentissages, sa mise en œuvre peut être difficile d'un point de vue pratique.

Pour pallier le manque de temps disponible, les activités pourraient être structurées de manière ce qu'elles s'inscrivent dans le cadre de la période d'intégration. Des séminaires de suivi pourraient être proposés pour renforcer la compréhension des participants, élargir l'éventail de formats disponibles, aborder plus en détail les principes fondamentaux sur la base d'exemples pratiques plus concrets et permettre une meilleure intégration de ces notions. Les journées de planification constituent également un moyen supplémentaire de renforcer ces apprentissages.

La mise à disposition des supports de formation à la demande peut contribuer à faciliter leur accès lorsque les parties prenantes n'ont que peu de temps disponible. Si les documents de synthèse tendent à être le format de diffusion le plus répandu, il existe aujourd'hui des formats plus novateurs et plus accessibles, et qui favorisent une participation davantage soutenue :

- Les **courts didacticiels vidéo** constituent une ressource utile et permanente, consultable à la demande. Dans l'idéal, ces didacticiels devraient porter sur un thème spécifique et être aussi courts que possible. Si un complément d'information est nécessaire, d'autres didacticiels vidéo peuvent alors être publiés. Il devrait être possible de les associer pour former un ensemble cohérent. Le didacticiel vidéo proposé par le FSU écossais sur le processus annuel de budgétisation (Burnside, 2023[12]) constitue un exemple particulièrement intéressant.
- La **communication narrative** est considérée comme un outil de diffusion d'information qui a déjà fait la preuve de son efficacité dans de domaine de la culture financière. L'idée est qu'une communication narrative simple permet aux parties prenantes d'apprendre par procuration, à travers les expériences vécues par d'autres (OCDE/INFE, 2015[13]). La communication narrative est un moyen intéressant de comprendre les incidences concrètes de la viabilité budgétaire et des risques budgétaires. Plus particulièrement, les expériences des élus actuels et passés peuvent s'avérer utiles pour s'affranchir des aspects les plus rébarbatifs des compétences fondamentales, mais aussi pour approfondir et affiner la compréhension des grands enjeux.
- Les **outils interactifs en ligne** constituent un autre moyen d'améliorer la compréhension des finances publiques, notamment au moyen d'évaluations. Les initiatives mises en œuvre dans le domaine de la culture financière offrent des exemples utiles. La Nouvelle-Zélande, par exemple, a élaboré des programmes de formation en milieu professionnel afin d'améliorer l'éducation financière. Le programme « *Sorted at Work* » propose des formations flexibles, déclinées notamment sous forme de réunions en face-à-face ou de webinaires en ligne. Il peut dans ce dernier cas s'agir d'une série de webinaires d'une heure organisés sur plusieurs semaines ou encore de sessions de formation en ligne plus longues, mais plus condensées, couvrant des thèmes comme la budgétisation, la dette, les objectifs recherchés, l'épargne, les régimes de pensions ou encore les investissements (OCDE/INFE, 2015[13]). Il a été démontré que ces outils interactifs permettent de renforcer la compréhension des parties prenantes et entraînent une amélioration sensible et durable de leur satisfaction au travail, de leurs capacités, de leur confiance et de leur productivité.

Encadré 2.3. Renforcer les apprentissages – Ce que disent les sciences cognitives

De nombreuses données empiriques relevant des sciences cognitives montrent que certaines techniques d'apprentissage sont particulièrement efficaces. Cet encadré présente plusieurs méthodes qui peuvent être appliquées pour améliorer la compréhension des finances publiques par les principaux décideurs, dont les élus.

A) Espacer les sessions de formation

Les apprenants sont davantage susceptibles de retenir des informations si les enseignements sont espacés dans le temps, plutôt que dispensés d'un seul bloc (Baddeley et Longman, 1978[14] ; Lee et Genovese, 1988[15] ; Kapler, Weston et Wiseheart, 2015[16]). Au-delà de favoriser la mémorisation, cette approche peut également avoir pour avantage d'améliorer la compréhension conceptuelle et la réflexion critique des participants (Yuan, 2022[17]). Sur le plan cognitif, le fait d'espacer les sessions peut offrir davantage d'occasions de réviser les nouveaux savoirs, aussi bien volontairement qu'inconsciemment. Le fait de se remettre en mémoire des informations à intervalle régulier peut ainsi contribuer à renforcer les connexions neuronales nécessaires. Dans la pratique, les données plaident en faveur de modes d'apprentissage plus fréquents et moins intensifs.

B) Diffuser les supports de formation de différentes manières

Il est communément admis dans le domaine des sciences cognitives que plusieurs modes de diffusion des connaissances valent mieux qu'un (Kobus, Moses et Bloom, 1994[18]). Les individus qui n'ont accès qu'à des contenus oraux ou imprimés affichent un niveau de mémorisation bien inférieur à celui des individus bénéficiant d'un accès multimodal aux mêmes contenus, sous forme orale, écrite ou illustrée. Certaines nuances sont toutefois à noter. Il convient ainsi d'introduire en même temps les informations apparentées, de tenir compte de la rapidité, de la continuité et de la complexité des informations, et de veiller à la cohérence des informations diffusées sous forme verbale et graphique (Park et Etgen, 2000[19]).

C) Approfondir les connaissances

On sait depuis longtemps que le fait d'approfondir un sujet permet d'ancrer ses connaissances, et de transformer ainsi une expérience transitoire en compréhension durable (Craik et Lockhart, 1972[20] ; Coleman, Brown et Rivkin, 1997[21] ; Leutner et Schmeck, 2014[22]). Une fois que des contenus ont été abordés, le fait d'amener les apprenants à enrichir ou à approfondir eux-mêmes leurs connaissances sur un sujet, permet de renforcer leur niveau de compréhension. Cet approfondissement consiste à créer des associations, des images ou des histoires fondées sur ses expériences passées relativement au sujet concerné, et contribue à créer des liens significatifs plutôt que de prendre part à des activités basées simplement sur la répétition. Il peut ainsi être utile de demander aux participants de formuler leurs attentes en amont (Tucker et al., 2024[23]), de créer des représentations schématiques des contenus abordés (Leopold et Leutner, 2012[24]), d'en écrire un court résumé, même d'une seule phrase (Doctorow, Wittrock et Marks, 1978[25]), ou encore de réfléchir ou de répondre à des questions liées aux graphiques ou illustrations basés sur ces contenus (Menekse et al., 2013[26]). (Fiorella et Mayer, 2015[27]) proposent un résumé particulièrement utile des différents moyens de promouvoir ce type d'apprentissage.

D) Tester les connaissances dans le cadre du processus d'apprentissage

Les sciences cognitives ont largement démontré qu'évaluer les connaissances des apprenants afin de déterminer leur niveau de mémorisation d'un sujet permet non seulement de consolider cette mémorisation, mais aussi d'obtenir des informations sur leurs connaissances réelles. Ce phénomène, appelé l'« effet de test » (Roediger et Karpicke, 2006[28]), n'est pas directement corrélé aux capacités cognitives des individus (Jonsson et al., 2021[29]). Il a par ailleurs été démontré que des évaluations répétées et assorties de commentaires permettent une meilleure mémorisation (Karpicke et Roediger, 2009[30]). La complexité des sujets abordés a également son importance. L'effet de test apparaît ainsi moins prononcé, voire inexistant, lorsque les tâches d'apprentissage sont plus complexes (van Gog et Sweller, 2015[31]).

Il existe d'autres initiatives intéressantes dans le domaine de la culture financière dont il peut être utile de s'inspirer. Les méthodes interactives, comme les jeux, les concours ou les visualisations, se sont révélées particulièrement efficaces. À titre d'exemple, l'Agence de la consommation en matière financière du Canada propose un Planificateur budgétaire en ligne, s'appuyant sur des données statistiques nationales, des éclairages comportementaux et une stratégie de ludification visant à renforcer la culture financière des utilisateurs (OCDE, 2021[32]).

Des exemples existent également dans le domaine budgétaire, et notamment « *The Fiscal Ship* » (Le cargo budgétaire). Il s'agit d'un jeu de simulation basé sur des choix de politique budgétaire qui permet de mettre en évidence les arbitrages nécessaires pour placer le budget fédéral sur une trajectoire durable tout en soutenant les priorités politiques plus larges[3].

- **Articles de blog et publications sur les réseaux sociaux** – Ces médias sont un moyen intéressant de diffuser des informations pertinentes pour mieux comprendre les enjeux budgétaires, et ce, dans un format plus simple et plus concis, souvent sur un ton plus décontracté et dans un langage accessible. Par exemple, les articles de blog et les publications sur les réseaux sociaux du SPICe se renforcent mutuellement. En effet, sur son compte Twitter, le SPICe informe les utilisateurs lorsque de nouveaux articles de blogs sont publiés, souvent sur des questions d'actualité. Les articles de blog du SPICe qui sont relayés sur Twitter enregistrent en moyenne 26 % de consultations supplémentaires (Von Trapp et Nicol, 2019[33]). Par ailleurs, les notes d'information mises en avant sur les réseaux sociaux attirent deux fois plus de lecteurs que celles qui ne font pas l'objet d'une telle publicité. Le SPICe se distingue particulièrement par sa capacité à utiliser Twitter pour promouvoir les travaux parlementaires en cours, et par là même à renforcer sa pertinence et à élargir sa portée.
- **Robots d'intelligence artificielle (IA)** – Par sa capacité à transmettre des connaissances spécialisées de manière conviviale, l'IA s'impose de plus en plus comme un outil particulièrement efficace. Les modèles modernes d'intelligence artificielle peuvent être entraînés à partir de contenus relevant d'un domaine spécifique, de sorte à développer des robots dotés de connaissances spécialisées et capables de générer des réponses aux questions précises des utilisateurs. Ainsi, dans le domaine médical, il est possible d'entraîner des modèles à partir de travaux de recherche, de revues spécialisées ou de dossiers cliniques, de manière à ce qu'ils comprennent la terminologie médicale et soient en mesure de traiter les diagnostics et les protocoles de soin. Ada Health constitue un bon exemple de ce type de dispositif (s.d.[34]). Les modèles proposés peuvent en effet être affinés par les développeurs, de sorte à tirer parti des connaissances intégrées dans les modèles de langage naturel préentraînés tout en les adaptant à leurs besoins spécifiques.

Ces modèles pourraient être appliqués de la même manière dans le domaine des finances publiques. Il est possible d'entraîner des robots fondés sur l'IA à partir de documents relatifs à ce domaine de manière générale, puis de les adapter aux spécificités d'un pays particulier, avant de les intégrer à des systèmes de conversation en langage naturel, permettant par là même aux utilisateurs de poser des questions ou de demander de l'aide sur des sujets relevant directement de la compréhension des finances publiques. Cette approche permet d'éviter les risques sous-jacents à l'utilisation d'outils d'IA généralistes, comme ChatGPT ou Gemini, qui s'appuient sur un large éventail de contenus et présentent donc plus de risques d'erreur ou d'hallucination. Certaines administrations ont déjà mis en place des robots conversationnels chargés de répondre aux questions des citoyens en matière de législation fiscale.

Les contenus devraient rester accessibles

Si les finances publiques sont un sujet complexe, impliquant un grand nombre de facteurs et un niveau élevé d'incertitude, il n'est pas pour autant impossible d'en parler de manière simple.

Sur la question de la viabilité budgétaire par exemple, les définitions sont souvent relativement vagues. De nombreux aspects sont ainsi à prendre en compte, d'autant que le contexte reste très incertain. L'OCDE (2013[35]) a ainsi notamment défini la viabilité budgétaire comme « la capacité d'un État à maintenir les finances publiques dans une position crédible et fonctionnelle sur le long terme ». Cette définition fait référence aux capacités des pouvoirs publics, mais aussi aux enjeux de crédibilité et de conditions économiques à long terme, soit deux aspects difficiles à observer ou extrêmement incertains. Cette définition pourrait également aborder la viabilité budgétaire sous l'angle de la valeur financière ou non financière nette d'un pays, ou de sa capacité à honorer ses engagements financiers.

La viabilité de la dette, qui constitue l'un des indicateurs possibles de la viabilité budgétaire, est déterminée par plusieurs facteurs, à savoir la croissance, l'inflation, les taux d'intérêt en vigueur, la structure des titres de dette souveraine, l'équilibre entre dépenses et recettes, la composition et la variabilité des dépenses et recettes, la capacité des responsables de l'action publique à réduire les déficits, voire à dégager durablement des excédents, etc.

Cette nature multidimensionnelle de la viabilité de la dette met en évidence le nombre considérable de variables à prendre en considération. Comme le soulignent Blanchard, Leandro et Zettelmeyer (2021[8]), « il n'existe pas de chiffre unique, magique, valable en tout temps et quel que soit le pays, pour la dette ou le déficit ». Plutôt que d'espérer une réponse directe par oui ou non à des questions sur la possible durabilité de certains choix, il serait préférable de procéder à des évaluations probabilistes, afin d'obtenir des réponses comme « on estime que la mise en œuvre de ces réductions d'impôts entraînerait une hausse de 5 % à 15 % de la probabilité que l'endettement s'inscrive sur une trajectoire non viable ».

Malgré le nombre important de facteurs et le niveau élevé d'incertitude, il existe des moyens de se recentrer sur l'essentiel. Ainsi, au lieu de multiplier les mises en garde en guise d'introduction, des lignes directrices générales peuvent être proposées avant d'examiner des études de cas où ces principes généraux ne s'appliquent pas (Pinker, 2014[36]). L'incertitude fait partie du quotidien de chacun, il n'est donc pas nécessaire de la mettre constamment en avant.

Il devrait être possible, dans un premier temps, d'aborder les sujets aussi complexes que la viabilité de la dette au moyen de principes généraux, et, dans un second temps, de mettre en avant les circonstances dans lesquelles ces principes ne s'appliquent pas. On peut également supposer que, malgré le niveau élevé d'incertitude, chacun est néanmoins capable de raisonner de manière intuitive en tenant compte d'un certain degré de risque et sans pour autant qu'il soit nécessaire de recourir à des mesures de précaution excessives.

L'exemple ci-dessous illustre l'application de cette approche à la notion de **viabilité de la dette**. Ce sujet pourrait ainsi être présenté aux responsables de l'action publique de la manière suivante :

> *« Si les pouvoirs publics dépensent plus qu'ils ne perçoivent, ils enregistreront des déficits. Des déficits persistants entraînent une augmentation de la dette et des paiements d'intérêts, et créent un risque que cette dette ne puisse être remboursée, ce qui mène alors à une situation de faillite. Les pouvoirs publics sont ainsi contraints de réduire soudainement leurs dépenses ou d'augmenter rapidement les impôts, généralement alors même que certains citoyens ont déjà commencé à perdre leurs emplois. En d'autres termes, l'austérité est de rigueur. Cette austérité est préjudiciable pour l'emploi, pour la croissance et pour la stabilité de la démocratie. »*

Ces quelques phrases suffisent à présenter de manière relativement claire en quoi consiste la viabilité de la dette. Ce type de formulation est exactement ce que les ministres des Finances doivent utiliser lorsqu'ils sont soumis à la pression des médias. Cette formulation s'inspire en effet des déclarations de Michal Horvath, économiste slovaque qui a brièvement occupé le poste de ministre des Finances en 2023. Il raconte ainsi qu'il se limitait à cinq phrases lorsqu'il devrait faire passer des messages difficiles sur les finances publiques à la télévision.

La plupart des économistes s'opposeraient à une telle présentation de la viabilité de la dette, considérant que de nombreuses précautions, nuances et précisions pourraient être apportées. Certains économistes pourraient ainsi avancer que des déficits persistants peuvent être tout à fait supportables si les conditions favorables sont réunies. Une forte croissance, des taux d'intérêt faibles ou des déficits limités ne sont pas nécessairement des obstacles à la viabilité de la dette publique.

Certains économistes pourraient aussi contester l'utilisation du terme « faillite » dans la mesure où, techniquement, un État ne peut pas être en situation de faillite. Il n'existe pas de procédure formelle de faillite pour les États et les pouvoirs publics disposent souvent de solutions inaccessibles aux entreprises, puisqu'ils peuvent par exemple stimuler l'inflation pour réduire la valeur de l'encours de la dette, ou encore diminuer les coûts d'emprunt en forçant les banques à détenir davantage de dette publique.

D'autres économistes pourraient enfin remettre en doute la probabilité que ces situations donnent lieu à la mise en place de mesures d'austérité. Il est en effet possible d'éviter que des mesures d'assainissement budgétaire soient adoptées ; ces mesures peuvent être étalées dans le temps afin d'en limiter les incidences ; elles peuvent ne pas coïncider avec une récession économique générale ; et la politique monétaire pourrait permettre d'en atténuer les effets les plus préjudiciables.

Une telle introduction générale présente néanmoins de nombreux avantages.

Premièrement, elle permet d'établir de manière claire l'importance de la viabilité budgétaire, en partant de la notion fondamentale de déficit, en abordant son incidence sur la dette, puis en la corrélant directement à des répercussions négatives sur la société.

Deuxièmement, comme le soulignent Thomas et Turner (2011[37]), cette présentation sert avant tout à fournir une base solide sur laquelle s'appuyer, et ne prétend pas couvrir toutes les éventualités. En d'autres termes, elle ouvre simplement la voie à une compréhension plus approfondie et n'empêche aucunement que des précautions et nuances puissent être formulées par la suite.

Troisièmement, cette présentation est rédigée dans une langue ancrée dans l'expérience du quotidien, plutôt que dans un langage technique. Le terme « faillite » est couramment utilisé et compris de tous, même si chaque faillite présente des caractéristiques qui lui sont spécifiques. Rares sont en outre les responsables de l'action publique qui n'auront pas gardé en mémoire les souffrances causées par les mesures d'austérité adoptées suite à la crise financière.

La viabilité des finances publiques est un principe simple mais d'une grande complexité, en ce sens que si les équations sont connues et que les facteurs d'incertitude peuvent être estimés, la difficulté majeure tient à l'impossibilité d'être précis, cohérent et rigoureux dans l'évaluation des moyens permettant d'assurer la viabilité budgétaire dans un monde exposé à des chocs à la fois inédits et imprévisibles.

2.2.5. Favoriser une culture de l'évaluation et de l'apprentissage

Ces initiatives devraient s'inscrire dans un cadre favorisant le développement d'une culture de l'évaluation et de l'apprentissage. L'intégration des élus, des parties prenantes et de la communauté économique de façon plus générale au processus de réévaluation et de redéfinition des buts et objectifs de la stratégie nationale peut contribuer à garantir une forte adhésion du public, tout en renforçant la qualité des initiatives mises en œuvre.

Suivi des progrès

L'un des principaux enseignements des travaux de l'OCDE sur la culture financière est la nécessité de réfléchir en amont aux moyens d'évaluer la compréhension des finances publiques par les citoyens. L'objectif des initiatives examinées dans ce chapitre est de renforcer cette compréhension. Il est donc indispensable d'assurer le suivi de ces initiatives et de les ajuster si nécessaire afin de garantir qu'elles portent leurs fruits.

Pour mesurer les résultats de ces initiatives, il conviendra de pouvoir s'appuyer, d'une part, sur des indicateurs quantitatifs, comme le niveau de participation, l'évolution des connaissances en matière budgétaire pour chaque initiative ou encore l'amélioration de l'accès aux informations, et, d'autre part, sur des différents cycles d'enquêtes sur la compréhension des finances publiques. Ces données permettront d'établir des indicateurs clés de performance, qui pourront alors être évalués et suivis sur la durée. La conception de ces indicateurs exige une bonne compréhension des priorités et objectifs sous-jacents à toute évaluation.

Le financement des évaluations devrait par ailleurs être spécialement affecté. Des ressources pourraient en outre être allouées au recrutement d'évaluateurs professionnels externes afin de disposer des compétences nécessaires et de bénéficier d'un regard extérieur.

Tirer le meilleur parti des périodes clés et renforcer la compréhension des finances publiques par un processus d'enrichissement mutuel

Il existe certainement au cours de l'année des périodes qui peuvent plus facilement être consacrées au renforcement de la compréhension des finances publiques. Ces efforts peuvent en outre s'inscrire dans ce que l'on peut considérer comme un processus d'enrichissement mutuel. Par exemple, en œuvrant à améliorer la compréhension des citoyens, les élus peuvent renforcer leur propre compréhension et ainsi mieux plaider en faveur de la viabilité de la politique budgétaire.

Les auditions ou commissions parlementaires sont un bon exemple de ce type d'approche, puisqu'elles offrent l'occasion d'entamer ce processus d'enrichissement mutuel et permettent souvent d'entendre les inquiétudes des citoyens et de prendre connaissance de leurs priorités. Ces auditions ou commissions peuvent également donner lieu à des échanges utiles sur les arbitrages et les risques auxquels les élus doivent faire face. Les commissions sectorielles ont à ces fins un rôle important à jouer, dans la mesure où elles se prêtent tout particulièrement à la participation des citoyens. Elles doivent néanmoins veiller à faire part de leurs propres contraintes et faire en sorte que ces échanges contribuent à l'élaboration budgétaire, y compris en coordonnant les travaux parlementaires de différentes commissions.

Le forum « *National Economic Dialogue* » (NED) organisé chaque année en **Irlande** constitue un autre exemple intéressant. Le NED offre une occasion unique de renforcer la compréhension des enjeux budgétaires par les élus et les citoyens plusieurs mois avant le vote du budget annuel. Ce forum rassemble les partenaires sociaux, les syndicats, les entreprises et la société civile. L'un des moments clés du NED est son exposé introductif, au cours duquel des experts indépendants présentent les perspectives macroéconomiques et budgétaires. Cet exposé contribue à établir une vision commune des contraintes et des risques en amont des discussions, et par là même à modérer les demandes et à favoriser le consensus. Une telle approche permet de limiter le risque de voir les attentes s'emballer au point d'avoir une incidence sur le budget final (Gouvernement de l'Irlande, 2015[38]).

Autres considérations

D'autres aspects sont à prendre en considération pour renforcer efficacement la compréhension des budgets publics. Il convient par exemple de déterminer dans quelle mesure la participation à ces initiatives doit revêtir un caractère obligatoire, ou encore s'il est nécessaire de définir un certain niveau de connaissances comme seuil minimum acceptable. Ces données pourraient être transmises de façon anonyme à des fins de comparaison entre pairs, de sorte à encourager le développement personnel.

2.3. Conclusion

Pour consolider les fondements d'une politique budgétaire saine, il est essentiel de démystifier les finances publiques. Alors que les tensions budgétaires auxquelles sont confrontés les pays de l'OCDE s'intensifient, une compréhension renforcée des budgets, de la dynamique de la dette et de la viabilité à long terme s'impose comme une condition préalable indispensable pour permettre aux décideurs d'opérer des choix à la fois crédibles et durables. Le présent chapitre a ainsi montré que si de nombreuses initiatives ont déjà été mises en œuvre pour soutenir les décideurs dans leurs fonctions, les approches en vigueur restent déséquilibrées, trop axées sur les processus techniques et souvent peu en adéquation avec le contexte plus global.

Pour permettre une compréhension plus fine, les efforts visant à démystifier le budget doivent aller au-delà des simples aspects mécaniques du cycle budgétaire annuel. Les initiatives les plus efficaces portent ainsi sur les aspects fondamentaux : la pertinence des règles budgétaires, les facteurs de la viabilité à long terme et les conséquences de l'inaction. Elles reposent sur des principes clairs et accessibles, et s'appuient sur des techniques d'apprentissage des adultes qui tiennent compte des responsabilités et des contraintes de temps des décideurs. Elles tirent également davantage parti des outils numériques, des contenus interactifs et de la communication narrative pour rapprocher des concepts budgétaires abstraits de la réalité du terrain.

Il convient d'aider les décideurs à mieux comprendre les répercussions à long terme des décisions politiques d'aujourd'hui, et ce, au même titre que l'ensemble des intermédiaires qui ont une influence sur le débat public. Les élus, les médias et les organisations civiques jouent un rôle crucial pour rendre les informations budgétaires accessibles aux citoyens, contextualiser les grands défis en matière budgétaire et parvenir à une vision commune des contraintes et des arbitrages nécessaires.

Le renforcement de la compréhension des finances publiques doit devenir un objectif institutionnel commun. Les conseils budgétaires, les parlements, les institutions supérieures de contrôle et autres organismes d'analyse ont tous un rôle à jouer, tout comme les élus, les journalistes, les professionnels de l'enseignement et les organisations civiques qui animent le débat public. Le développement d'une culture fondée sur l'apprentissage continu, l'évaluation et l'ouverture contribue à garantir que les efforts de renforcement des connaissances se poursuivent et s'intensifient au fil du temps.

L'amélioration de la compréhension des finances publiques permettra à terme aux citoyens et aux décideurs de prendre toute la mesure des défis à venir et des arbitrages nécessaires, mais aussi de disposer des outils et connaissances nécessaires pour opérer les choix difficiles qui s'imposent.

Références

Ada Health (s.d.), « Improving patient pathways with AI », https://about.ada.com/improving-patient-pathways-with-ada-digital-triage/ (consulté le 13 avril 2026). [34]

Baddeley, A. et D. Longman (1978), « The Influence of Length and Frequency of Training Session on the Rate of Learning to Type », *Ergonomics*, vol. 21/8, pp. 627-635, https://doi.org/10.1080/00140137808931764. [14]

Barnes, S., E. Casey et E. Jordan-Doak (2021), *Managing government debt at high altitude: velocity, instability and headwinds*, Irish Fiscal Advisory Council, https://www.fiscalcouncil.ie/wp-content/uploads/2021/03/Managing-government-debt-at-high-altitude-velocity-instability-and-headwinds-.pdf. [9]

Blanchard, O., A. Leandro et J. Zettelmeyer (2021), « Redesigning EU fiscal rules: from rules to standards », *Economic Policy*, vol. 36/106, pp. 195-236, https://doi.org/10.1093/epolic/eiab003. [8]

Bohn, H. (1998), « The Behavior of U. S. Public Debt and Deficits », *The Quarterly Journal of Economics*, vol. 113/3, pp. 949-963, https://doi.org/10.1162/003355398555793. [10]

Burnside, R. (2023), *What to look out for in next week's Scottish budget*, https://spice-spotlight.scot/2023/12/13/what-to-look-out-for-in-next-weeks-scottish-budget/ (consulté le 14 mars 2024). [12]

CBO (2022), *The Economic Effects of Waiting to Stabilize Federal Debt*, Congressional Budget Office, https://www.cbo.gov/system/files/2022-04/57867-Debt.pdf. [11]

CBO (2020), *Federal Debt: A Primer*, Congressional Budget Office, https://www.cbo.gov/system/files/2020-03/56165-CBO-debt-primer.pdf. [39]

Coleman, E., A. Brown et I. Rivkin (1997), « The Effect of Instructional Explanations on Learning From Scientific Texts », *Journal of the Learning Sciences*, vol. 6/4, pp. 347-365, https://doi.org/10.1207/s15327809jls0604_1. [21]

Craik, F. et R. Lockhart (1972), « Levels of processing: A framework for memory research », *Journal of Verbal Learning and Verbal Behavior*, vol. 11/6, pp. 671-684, https://doi.org/10.1016/s0022-5371(72)80001-x. [20]

Doctorow, M., M. Wittrock et C. Marks (1978), « Generative processes in reading comprehension. », *Journal of Educational Psychology*, vol. 70/2, pp. 109-118, https://doi.org/10.1037/0022-0663.70.2.109. [25]

Fiorella, L. et R. Mayer (2015), « Eight Ways to Promote Generative Learning », *Educational Psychology Review*, vol. 28/4, pp. 717-741, https://doi.org/10.1007/s10648-015-9348-9. [27]

Gouvernement de l'Irlande (2015), *National Economic Dialogue 2015*, Department of Finance, Dublin, https://www.gov.ie/en/department-of-finance/collections/budget-2016/ (consulté le 12 novembre 2025). [38]

Honohan, P. (2017), « Foreword », dans *Debating Austerity in Ireland*, Royal Irish Academy, https://doi.org/10.2307/j.ctt1x76dck.6. [7]

Jonas, N. (2018), « Numeracy practices and numeracy skills among adults », *OECD Education Working Papers*, n° 177, Éditions OCDE, Paris, https://doi.org/10.1787/8f19fc9f-en. [4]

Jonsson, B. et al. (2021), « A learning method for all: The testing effect is independent of cognitive ability », *Journal of Educational Psychology*, vol. 113/5, pp. 972-985, https://doi.org/10.1037/edu0000627. [29]

Kapler, I., T. Weston et M. Wiseheart (2015), « Spacing in a simulated undergraduate classroom: Long-term benefits for factual and higher-level learning », *Learning and Instruction*, vol. 36, pp. 38-45, https://doi.org/10.1016/j.learninstruc.2014.11.001. [16]

Karpicke, J. et H. Roediger (2009), « Is expanding retrieval a superior method for learning text materials? », *Memory & Cognition*, vol. 38/1, pp. 116-124, https://doi.org/10.3758/mc.38.1.116. [30]

Kobus, D., J. Moses et E. Bloom (1994), « Effect of Multimodal Stimulus Presentation on Recall », *Perceptual and Motor Skills*, vol. 78/1, pp. 320-322, https://doi.org/10.2466/pms.1994.78.1.320. [18]

Lee, T. et E. Genovese (1988), « Distribution of Practice in Motor Skill Acquisition: Learning and Performance Effects Reconsidered », *Research Quarterly for Exercise and Sport*, vol. 59/4, pp. 277-287, https://doi.org/10.1080/02701367.1988.10609373. [15]

Lee, V., F. Schüle et L. Sheiner (2019), *The Fiscal Ship as a Teaching Tool*, The Brookings Institution, https://www.brookings.edu/articles/the-fiscal-ship-as-a-teaching-tool/. [40]

Leopold, C. et D. Leutner (2012), « Science text comprehension: Drawing, main idea selection, and summarizing as learning strategies », *Learning and Instruction*, vol. 22/1, pp. 16-26, https://doi.org/10.1016/j.learninstruc.2011.05.005. [24]

Leutner, D. et A. Schmeck (2014), « The Generative Drawing Principle in Multimedia Learning », dans *The Cambridge Handbook of Multimedia Learning*, Cambridge University Press, https://doi.org/10.1017/cbo9781139547369.022. [22]

Menekse, M. et al. (2013), « Differentiated Overt Learning Activities for Effective Instruction in Engineering Classrooms », *Journal of Engineering Education*, vol. 102/3, pp. 346-374, https://doi.org/10.1002/jee.20021. [26]

OCDE (2025), *Perspectives économiques de l'OCDE, Volume 2025 Numéro 2 : Une croissance résiliente, mais de plus en plus fragile*, Éditions OCDE, Paris, https://doi.org/10.1787/62298503-fr. [6]

OCDE (2023), « OECD/INFE 2023 International Survey of Adult Financial Literacy », *OECD Business and Finance Policy Papers*, n° 39, Éditions OCDE, Paris, https://doi.org/10.1787/56003a32-en. [3]

OCDE (2021), *Evaluation of National Strategies for Financial Literacy*, Éditions OCDE, Paris, https://doi.org/10.1787/91e310db-en. [32]

OCDE (2018), *OECD/INFE Core Competencies Framework on financial literacy for MSMEs* , Éditions OCDE, Paris, https://doi.org/10.1787/220101c9-en. [5]

OCDE (2013), « Fiscal sustainability », dans *Government at a Glance 2013*, Éditions OCDE, Paris, https://doi.org/10.1787/gov_glance-2013-11-en. [35]

OCDE (à paraître), *2025 OECD Survey on Parliamentary Budget Oversight*. [1]

OCDE/INFE (2015), *National Strategies for Financial Education: OECD/INFE Policy Handbook*, https://web-archive.oecd.org/2016-04-01/380505-national-strategies-for-financial-education-policy-handbook.htm (consulté le 13 février 2026). [13]

Park, O. et M. Etgen (2000), « Research-based Principles for Multimedia Presentation », dans *Integrated and Holistic Perspectives on Learning, Instruction and Technology*, Springer Netherlands, Dordrecht, https://doi.org/10.1007/0-306-47584-7_11. [19]

Pinker, S. (2014), *The Sense of Style: The Thinking Person's Guide to Writing in the 21st Century.*, Viking. [36]

Roediger, H. et J. Karpicke (2006), « Test-Enhanced Learning », *Psychological Science*, vol. 17/3, pp. 249-255, https://doi.org/10.1111/j.1467-9280.2006.01693.x. [28]

Ross, B., S. McIntyre et G. Roy (2021), *Additional Powers: Better Understanding Better Scrutiny?*, https://policyscotland.gla.ac.uk/wp-content/uploads/2021/09/ASBSAdditionalPowersBetterUnderstandingBetterScrutiny.pdf. [2]

Thomas, F. et M. Turner (2011), *Clear and Simple as the Truth*, Princeton University Press, https://doi.org/10.2307/j.ctvcm4g56. [37]

Tucker, M. et al. (2024), « Prediction versus production for teaching computer programming », *Learning and Instruction*, vol. 91, p. 101871, https://doi.org/10.1016/j.learninstruc.2023.101871. [23]

van Gog, T. et J. Sweller (2015), « Not New, but Nearly Forgotten: the Testing Effect Decreases or even Disappears as the Complexity of Learning Materials Increases », *Educational Psychology Review*, vol. 27/2, pp. 247-264, https://doi.org/10.1007/s10648-015-9310-x. [31]

Von Trapp, L. et S. Nicol (2019), *OECD Independent Fiscal Institutions Review: Scottish Fiscal Commission*, OECD, Paris, https://web-archive.oecd.org/2019-10-25/534618-review-of-scottish-fiscal-commission-2019.pdf. [33]

Yuan, X. (2022), « Evidence of the Spacing Effect and Influences on Perceptions of Learning and Science Curricula », *Cureus*, https://doi.org/10.7759/cureus.21201. [17]

Notes

[1] Pour une analyse plus large de la dette fédérale et de ses conséquences, voir le rapport « *Federal Debt: A Primer* » de l'Office budgétaire du Congrès des États-Unis (*Congressional Budget Office*, CBO) (2020[39]).

[2] Cela revient, en théorie, à un choc lié aux charges d'intérêts effectives moyennes. Dans les faits, les taux d'intérêt effectifs moyens évoluent souvent plus lentement du fait des différentes mesures mises en place par les offices de gestion de la dette afin de limiter les risques immédiats. Le taux d'intérêt effectif moyen correspond à la charge d'intérêts annuelle exprimée en pourcentage de l'encours de la dette pour l'année précédente. La lenteur de cet ajustement tient au fait qu'une grande partie de la dette existante persiste et que les taux d'intérêt sont souvent fixes. Même lorsque ces taux ne sont pas fixes, les offices de gestion de la dette peuvent couvrir les risques de taux d'intérêt associés aux titres de créance à taux variable.

[3] L'intérêt que présente le jeu « *The Fiscal Ship* » en tant qu'outil pédagogique est abordé plus en détail à l'adresse suivante : (Lee, Schüle et Sheiner, 2019[40]).

3 Communiquer sur les finances publiques

Afin de susciter le soutien politique et le sentiment d'appropriation nécessaires pour faire face aux principaux enjeux des finances publiques, il est essentiel que la population comprenne les problématiques à l'œuvre. Cela suppose notamment une communication plus efficace ainsi qu'une explication des conséquences de l'inaction. Le présent chapitre examine certaines des difficultés qui entravent une communication claire sur les finances publiques, tout en mettant en lumière les meilleures pratiques en la matière et les moyens de s'en inspirer.

Infographie 3.1. Communiquer sur les finances publiques

Obstacles fondamentaux

Communiquer sur les finances publiques est une entreprise ardue, compliquée par les « **grands nombres** », la difficulté à établir des liens concrets entre finances publiques et vie quotidienne, et la « **malédiction de la connaissance** » des experts qui n'arrivent pas à combler le fossé qui les sépare du grand public.

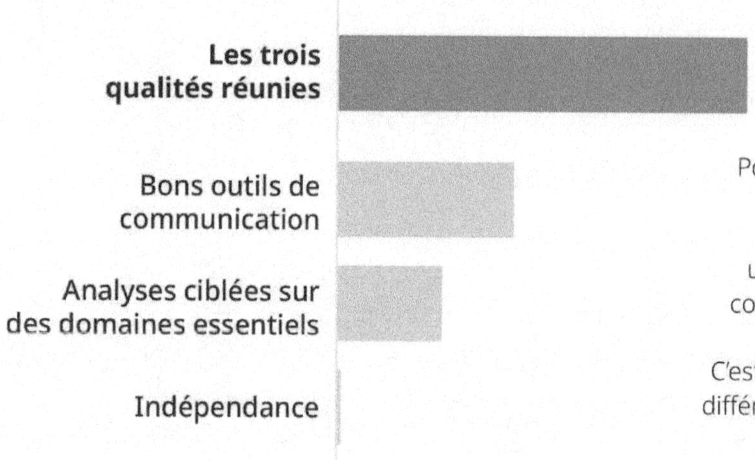

Qu'est-ce qui crée l'impact ?

Pour les institutions qui souhaitent générer un impact significatif en matière de communication, le succès ne repose pas uniquement sur des outils performants de communication, une forte indépendance ou une analyse rigoureuse.
C'est la combinaison de ces facteurs qui fait la différence, et non chacun d'eux pris isolément.

Une bifurcation stratégique

Pour relever le défi, il faut aussi opérer une bifurcation stratégique en adoptant un langage clair, en contextualisant les données et en rendant les chiffres abstraits intelligibles pour le grand public – en d'autres termes, en suivant une approche résolument tournée vers la communication.

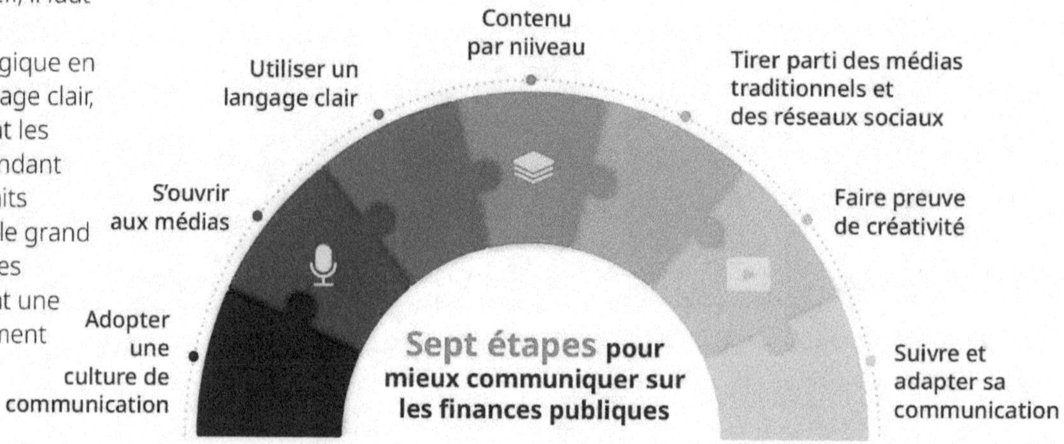

Principaux résultats

Une communication renforcée pour améliorer le débat sur le budget : une communication claire sur les tensions budgétaires est essentielle pour créer une volonté politique, maintenir la confiance envers les institutions et favoriser la compréhension et le sentiment d'appropriation des citoyens face à des décisions budgétaires délicates à prendre. Or, cet exercice est devenu plus difficile dans un paysage médiatique fragmenté, marqué par l'évolution des habitudes d'information et la montée de la désinformation.

L'enjeu de la communication : les débats sur les finances publiques se heurtent à des obstacles fondamentaux, notamment l'incompréhension que suscitent les « grands nombres », la difficulté à établir des liens concrets avec la vie quotidienne et la « malédiction de la connaissance », suivant laquelle les experts ne parviennent pas à combler le fossé qui les sépare du grand public. Pour surmonter ces difficultés, il faut opérer une bifurcation stratégique en adoptant un langage clair, en contextualisant les données et en rendant les chiffres abstraits intelligibles pour le grand public.

Adopter une culture de communication : les exemples tirés des institutions qui communiquent le plus efficacement sur les finances publiques montrent que la communication ne peut être abordée après coup. Pour réussir, il faut adopter une culture de communication privilégiant l'ouverture vis-à-vis des médias et la rédaction de textes accessibles, au même titre que la rigueur technique.

Sept étapes vers l'amélioration : s'appuyant sur les sciences cognitives et les meilleures pratiques de ces institutions de premier plan, le rapport identifie sept étapes pour une meilleure communication. Celles-ci comprennent l'adoption d'une culture de communication, l'ouverture aux médias, l'utilisation d'un langage clair, le ciblage du contenu selon les différents publics, la mobilisation des réseaux sociaux, l'utilisation créative de supports visuels et le suivi rigoureux de l'impact des actions de communication en vue de les perfectionner à l'avenir.

3.1. Pratiques actuellement mises en œuvre en matière de communication relative aux finances publiques

Lorsque la dette publique est élevée et que les budgets sont sous tension, il est essentiel de mettre en place une communication stratégique. La population a besoin de comprendre la situation financière de son pays et les raisons pour lesquelles les administrations publiques sont amenées à faire tel ou tel choix. D'après l'Enquête de l'OCDE sur les déterminants de la confiance dans les institutions publiques (OCDE, 2024[1]), une communication claire est un déterminant essentiel de la confiance. Elle permet de faire le tri parmi les informations et aide chaque citoyen à appréhender la situation dans son ensemble. Par ailleurs, elle donne à la population l'assurance que les décisions sont prises pour de bonnes raisons et leur permet de comprendre les conséquences de l'inaction.

Les institutions ayant déjà consenti des efforts avancés dans ce domaine peuvent apporter des enseignements sur les pratiques actuellement mises en œuvre qui fonctionnent ou qui ne fonctionnent pas. C'est ainsi que les institutions budgétaires indépendantes (IBI) ont naturellement un rôle à jouer en matière de communication relative aux finances publiques en raison de leur statut d'institutions indépendantes et apolitiques spécialisées dans l'analyse budgétaire. Au cœur de cette dynamique, elles constituent une source riche d'enseignements et de meilleures pratiques susceptibles d'inspirer l'ensemble de l'écosystème des finances publiques.

Du point de vue des pratiques de communication, ces institutions se répartissent en trois catégories :

- les institutions dont les activités de communication professionnelles sont limitées et dont l'impact est restreint ;

- les institutions qui ont mis en place une plateforme de communication solide, mais dont l'impact reste relativement limité ;
- les institutions qui vont plus loin : outre le développement de leurs capacités à diffuser, promouvoir et suivre leurs travaux, elles semblent également avoir généré un impact important dans les médias.

L'Indice de promotion budgétaire de l'OCDE, présenté au chapitre 5 de ce rapport, permet d'approfondir l'analyse de ces différences. Alors que les deux premiers critères de l'indice mettent l'accent sur l'indépendance et l'orientation analytique (voir également l'annexe en ligne intitulée « L'Indice de promotion budgétaire »), ce sont les troisième et quatrième critères qui sont les plus pertinents à cet égard. Le troisième critère mesure le dispositif de communication dont se sont dotées les différentes IBI. Ce dernier s'intéresse à la présence d'experts en communication dédiés, ainsi qu'au recours à divers outils tels que les communiqués de presse, les notes d'information ou les rapports sous embargo. Le quatrième critère revêt une importance encore plus grande. Il dresse le bilan de l'impact de la communication. Il analyse la capacité de ces institutions à influencer le débat médiatique national. Par ailleurs, il apprécie l'empreinte qu'elles parviennent à laisser dans l'opinion publique à travers leurs activités en ligne.

Les résultats de l'indice montrent que plusieurs institutions génèrent un impact véritablement efficace en matière de communication. Six d'entre elles se distinguent par leur impact véritablement efficace en matière de communication ainsi que par la solidité de leur dispositif de communication (Graphique 3.1). Il s'agit notamment du Bureau d'analyse de la politique économique (CPB) des Pays-Bas, de l'Office budgétaire du Congrès (CBO) des États-Unis, du Bureau de la Directrice parlementaire du budget (BDPB) du Canada, du Comité pour la responsabilité budgétaire (OBR) du Royaume-Uni, de l'Autorité indépendante de responsabilité budgétaire (AIReF) de l'Espagne et du Conseil consultatif budgétaire de l'Irlande. Chacune de ces six institutions génère à elle seule un impact en matière de communication qui est au moins deux fois – et jusqu'à trois fois – supérieur à celui de chacune des 14 institutions suivantes prises individuellement.

Ces six institutions disposent d'outils étonnamment similaires qui les aident à communiquer sur leurs travaux. Toutes ont mis en place des politiques et stratégies de communication, et publient des communiqués de presse ainsi que des notes d'information. La plupart publient des rapports sous embargo (cinq des six institutions) et tiennent des blogs ou publient dans des revues scientifiques (quatre). Toutes utilisent les réseaux sociaux pour promouvoir leurs travaux. De plus, leurs dirigeants interviennent régulièrement à la télévision, à la radio et lors de conférences. À l'exception de l'Irlande, toutes ont accès à au moins un expert en communication. Pour évaluer leur impact, elles ne perdent pas de vue les mentions dans les médias et le trafic sur le web, bien que les institutions de plus petite taille figurant en tête du classement ne suivent pas, en général, les mentions effectuées au Parlement et ne mènent pas régulièrement des enquêtes auprès de leurs parties prenantes.

Pourtant, les différences au niveau des dispositifs de communication ne suffisent probablement pas à elles seules à expliquer les écarts d'impact. Les 14 institutions présentées dans le Graphique 3.1 possèdent plusieurs, voire la totalité, des caractéristiques que l'on retrouve chez les six institutions qui génèrent l'impact le plus élevé. Il apparaît donc clairement que l'impact de la communication ne saurait être attribué à un outil de communication unique. Il dépendrait plutôt de l'interaction entre plusieurs aspects essentiels.

Graphique 3.1. L'action engagée en matière de communication et son impact varient d'une IBI à l'autre

Critères relatifs à la communication de l'Indice de promotion budgétaire de l'OCDE 2024 (maximum = 2)

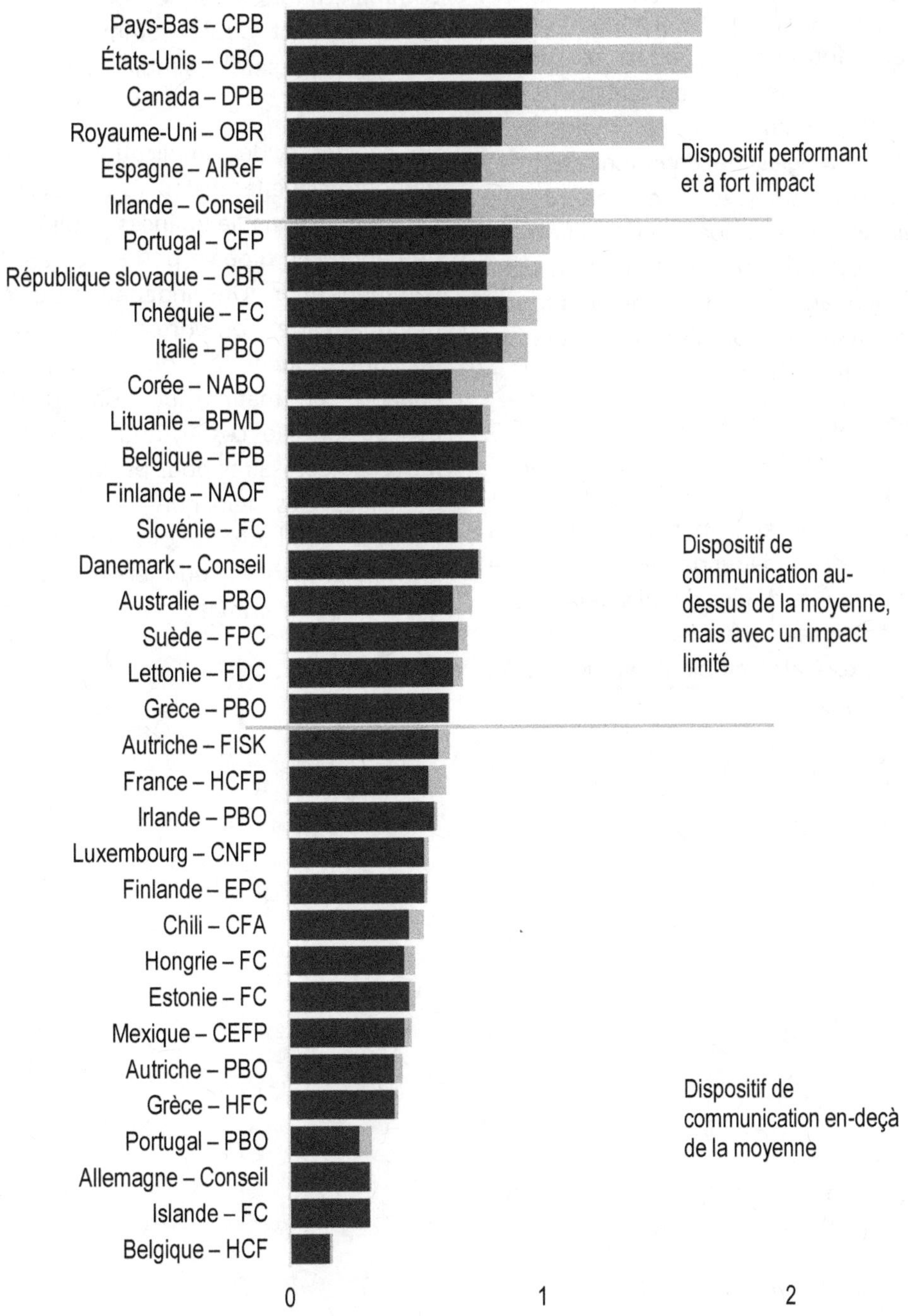

Note : Le graphique présente les résultats relatifs aux critères « dispositif de communication » et « impact de la communication » de l'Indice de promotion budgétaire de l'OCDE 2024, tels qu'ils sont exposés au chapitre 5 et dans l'annexe en ligne intitulée « L'Indice de promotion budgétaire ». L'impact est mesuré à l'aide de trois des principaux sites d'information présents dans chaque pays (mentions dans les médias et part de la couverture médiatique consacrée au budget), ainsi que des données issues de Google Trends concernant l'ampleur et la fréquence des recherches effectuées par les utilisateurs sur chaque IBI dans son contexte national.

Source : Indice de promotion budgétaire de l'OCDE 2024.

StatLink https://stat.link/1c3fn7

3.1.1. Communication : un tout supérieur à la somme de ses éléments constitutifs

L'impact de la communication peut être étudié à l'aide d'une analyse de régression fondée sur plusieurs aspects clés. Tout d'abord, l'analyse évalue l'impact de la communication en fonction de caractéristiques spécifiques du dispositif de communication d'une institution : la présence d'un personnel dédié à la communication, des stratégies de communication, le recours à des communiqués de presse, etc. Deuxièmement, elle examine l'impact en fonction du dispositif de communication global de l'institution, ainsi que de son indépendance et de son orientation analytique[1]. Troisièmement, elle prend en considération l'effet combiné de ces trois critères.

Les résultats suggèrent que c'est l'effet conjugué de ces trois critères qui est déterminant pour expliquer l'impact de la communication d'une institution (Graphique 3.2). Ainsi, pour réussir à influencer le débat national, ces institutions doivent être indépendantes, avoir une orientation analytique et être dotées d'outils permettant une communication efficace sur leurs travaux. En d'autres termes, ces résultats semblent indiquer que, pour produire un impact, les organismes devraient idéalement disposer de tous ces moyens d'action complémentaires et veiller à leur bon fonctionnement : indépendance, orientation analytique et dispositif de communication. Lorsque tous ces éléments sont en place, l'impact de la communication de l'institution semble dépasser la simple somme de ses éléments constitutifs.

Ce constat a des implications profondes. Il tend à démontrer que les instances chargées de communiquer sur les questions de finances publiques doivent adopter une approche globale pour atteindre leurs objectifs de communication. Une indépendance insuffisante ou un manque d'attention portée aux domaines d'importance majeure risquent fort de compromettre toute action engagée en matière de communication, aussi bien conçue soit-elle. Les institutions devraient disposer des moyens nécessaires pour produire des analyses sur des domaines clés, tels que l'analyse de la viabilité des finances publiques à long terme, l'identification des principaux risques budgétaires ou le chiffrage des grands programmes publics et des programmes électoraux.

Graphique 3.2. Plus que la simple somme : les estimateurs de l'impact de la communication d'une institution budgétaire indépendante

Coefficients et intervalles de confiance

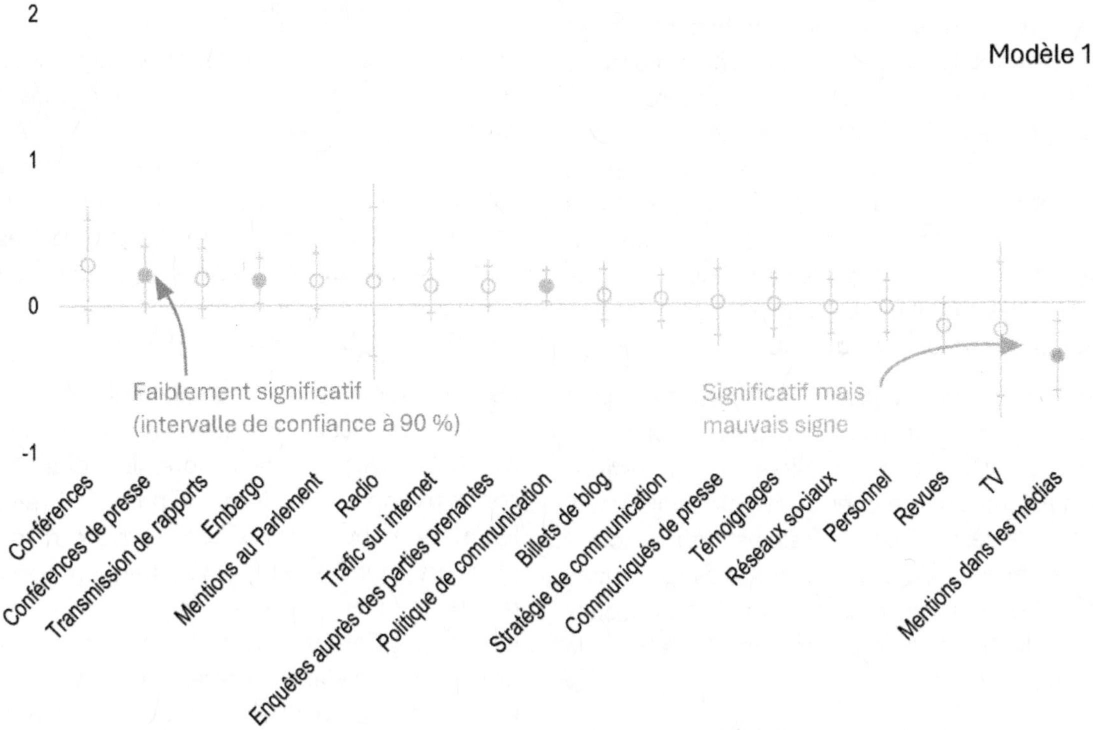

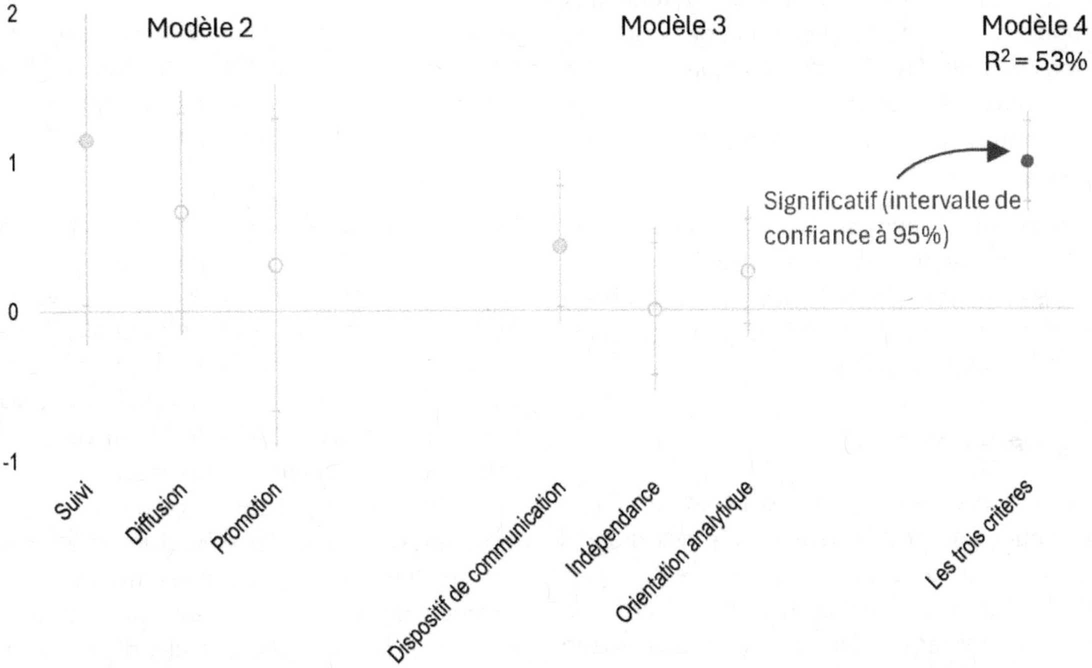

Note : Le graphique présente une estimation des coefficients et intervalles de confiance correspondant à divers estimateurs de l'impact de la communication d'une IBI.
Source : Calculs de l'auteur à partir de l'Indice de promotion budgétaire de l'OCDE 2024 (annexe en ligne « L'Indice de promotion budgétaire »).

StatLink https://stat.link/0n2juc

3.2. Pourquoi il faut améliorer la communication sur les finances publiques

Veiller à ce que la population puisse se fier aux informations relatives aux finances publiques et les comprendre est une tâche délicate. Des efforts continus sont nécessaires pour rendre ces informations plus intelligibles, et une action concertée et généralisée est requise pour améliorer le discours des experts budgétaires et des principaux décideurs sur les finances publiques. Le renforcement des institutions indispensables à la communication objective et transparente des évolutions budgétaires pourrait également s'imposer aux pays de l'OCDE.

Les IBI ont un rôle crucial à jouer à cet égard. Elles sont chargées d'analyser les finances publiques. De plus, leur contribution à la mise en lumière des questions budgétaires est importante et en constante évolution. Il sera essentiel de veiller à ce que ces institutions soient solidement établies et dotées de ressources suffisantes pour protéger les finances publiques contre les risques inhérents à la polarisation des débats et à la désinformation.

La suite du présent chapitre examine les enjeux fondamentaux liés à la communication autour des questions budgétaires, ainsi que la mesure dans laquelle les institutions peuvent favoriser un débat public éclairé au sujet des finances publiques, en s'inspirant des nouveaux éclairages apportés par des initiatives qui ont fait leurs preuves.

En matière de communication sur les finances publiques, un certain nombre de questions essentielles se posent. Trois obstacles majeurs se dressent : les grands nombres, le caractère abstrait et le déficit d'information persistant entre spécialistes et grand public.

3.2.1. Les grands nombres

Une caractéristique déterminante des débats au sujet des finances publiques réside dans le rôle des grands nombres. Il est rare qu'un débat budgétaire ne fasse pas mention de centaines de millions, voire de milliards ou de milliards de milliards. Ces montants dépassent largement la compréhension habituelle des quantités dont dispose la plupart des individus.

La capacité à appréhender des échelles très éloignées de l'« échelle humaine » vécue au quotidien constitue un enjeu fédérateur. En matière de distances, des tests montrent que la conception qu'ont les individus de l'échelle s'effondre rapidement dès que les unités passent de la dizaine à la centaine ou au millier (Tretter, Jones et Minogue, 2006[2]).

De plus, les compétences en calcul sont souvent limitées dès le départ. C'est ce que confirment les enquêtes à grande échelle menées par l'OCDE, PISA et PIAAC, lesquelles permettent de mesurer les compétences en calcul chez les jeunes de 15 ans et la population adulte. En outre, les écarts entre les personnes les plus performantes et les moins performantes en calcul persistent avec l'âge et tendent souvent à se creuser (OCDE, 2023[3]).

Dans le domaine des finances publiques, on exploite souvent la difficulté des individus à manipuler les grands nombres. Pour donner l'impression que les montants sont plus importants, ils sont exprimés en valeur. Comme les mesures budgétaires sont souvent reconduites sur plusieurs années, il arrive fréquemment que les montants soient cumulés pour les faire paraître plus importants. Ces tactiques peuvent servir, par exemple, à présenter le niveau d'endettement comme plus alarmant ou à donner l'impression qu'un plan d'investissement pluriannuel est plus ambitieux.

Ce qui fait défaut dans ces débats, c'est une notion du contexte ou de l'échelle. Sans une mise à l'échelle adéquate, l'opinion publique peut être déconcertée par des montants budgétaires d'une ampleur exceptionnelle.

Dans un article sur « l'apathie » à l'égard des nombres, Hofstadter (1982[4]) souligne que relativement peu d'individus connaissent réellement la différence entre un million et un milliard. À titre d'exemple, il cite un article de l'Associated Press sur le plafond de la dette fédérale américaine qui s'élevait à 1143 milliards USD (en 1982) qui cite ensuite à tort le dernier chiffre de la dette comme étant un montant bien moins inquiétant de 1 070 241 000 USD. Compte tenu du fait que des tests montrent que même les élèves doués et les spécialistes ont régulièrement du mal à estimer avec précision des distances de l'ordre de plusieurs milliards de mètres avec une marge d'erreur pouvant aller d'un dixième à dix fois la distance réelle, ce soupçon est probablement justifié (Tretter, Jones et Minogue, 2006[2])[2].

Une étude importante portant sur la compréhension des grands nombres menée auprès d'un nombre restreint de personnes, met en évidence des résultats frappants (Landy, Silbert et Goldin, 2013[5]). Elle a révélé qu'environ la moitié des participants situaient 1 million à mi-chemin sur une droite allant de 1 000 à 1 milliard, au lieu de la placer à 1/1 000e de cette droite (voir le Graphique 3.3). Il semble en effet que les personnes qui ratent cet exercice aient tendance à considérer que les « milliers », les « millions » et les « milliards » présentent un écart de grandeur uniforme. Cette conception erronée peut s'expliquer par le fait que les personnes écrivent les nombres en lettres, mais elle semble également influencer leur interprétation des nombres de manière plus générale, y compris lorsqu'ils sont écrits en chiffres.

Graphique 3.3. L'incompréhension des grands nombres chez les adultes

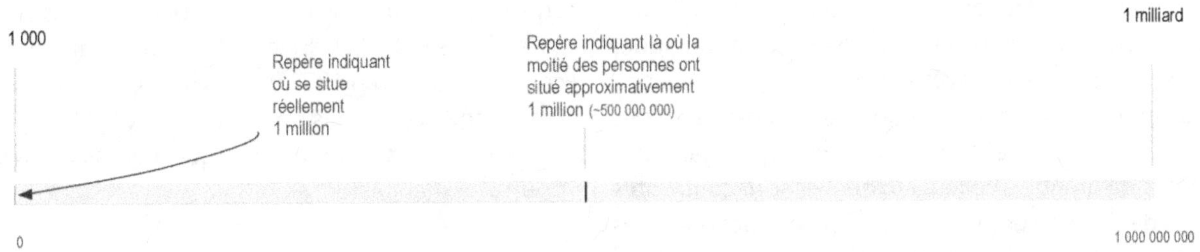

Note : L'étude porte sur la façon dont les adultes estiment l'importance des grands nombres à l'aide d'un exercice d'estimation sur une topologie de la droite réelle. Les participants ont été invités à placer des nombres allant de 1 000 à 1 milliard sur une droite marquée de repères indiquant les extrémités correspondantes.
Source : Adapté de Landy, Silbert et Goldin (2013[5]).

Les grands nombres sont un problème en soi, rendant difficile la compréhension exacte de ce qui est en jeu. En conséquence, la population peut se désintéresser des informations relayées. Il peut en résulter un sentiment d'engourdissement, d'apathie et une résistance à l'information.

Pour y remédier, il faut une stratégie claire visant à éclairer les chiffres d'une manière plus parlante.

3.2.2. Le caractère abstrait

Le caractère abstrait des finances publiques est un deuxième enjeu fondamental en matière de communication sur les finances publiques. En effet, les budgets concernent souvent des domaines que les particuliers connaissent mal, dont ils maîtrisent mal le contexte et pour lesquels ils éprouvent des difficultés à discerner les évolutions significatives.

Par exemple, rares sont ceux qui sauraient citer de mémoire le montant du budget annuel consacré aux dépenses militaires, sans parler de l'impact marginal d'un milliard supplémentaire, s'il venait à être alloué. Cet exemple illustre la façon dont les finances publiques visent souvent des secteurs vastes couvrant des populations entières. Ainsi, au lieu de faire le lien avec la situation fiscale de tel ou tel individu, il est fréquent que les spécialistes débattent du système fiscal. De même, au lieu de se concentrer sur les prestations individuelles, les experts pourraient orientent le débat par rapport aux dépenses de sécurité sociale globales.

Ainsi, le dialogue risque de s'enliser, en se concentrant sur des systèmes et des allocations éloignés de la réalité quotidienne des individus.

Ce caractère abstrait se retrouve également dans la manière dont les finances publiques évoluent. La perception par la population du coût de l'« immobilisme » est un exemple significatif en la matière. Les nouvelles dépenses sont souvent présentées comme supplémentaires, laissant entendre qu'elles se traduiront par une extension des services ou des aides fournies. Pourtant, la réalité est qu'un certain niveau d'augmentation des dépenses est généralement nécessaire ne serait-ce que pour maintenir le statu quo. L'augmentation en valeur peut sembler importante, mais si elle ne suit pas le rythme de la hausse des prix et des salaires, sans parler des besoins liés à la croissance démographique, elle pourrait en fait signifier que les services publics sont réduits en termes réels et non étendus.

Les responsables de l'action publique sont tentés de tirer parti de ce caractère abstrait. Par exemple, au lieu de présenter une mesure comme une réduction effective des dépenses, il peut être tentant de faire croire qu'une augmentation nominale témoigne d'un soutien dans un domaine spécifique. Cette attitude peut aggraver la question du manque de confiance dans les débats sur les finances publiques, ainsi que les difficultés de compréhension du public.

Par ailleurs, il convient de tenir compte de ce caractère abstrait lorsque des problématiques intergénérationnelles importantes sont en jeu. Évaluer ce que les politiques d'aujourd'hui signifieront dans 50 ans constitue un enjeu analytique complexe ; communiquer sur ses implications s'avère plus complexe encore. Beaucoup auront du mal à voir les liens entre ces enjeux et leur propre vie. Ce point est crucial au regard des difficultés de grande ampleur auxquelles sont confrontés les pays de l'OCDE sur le plan des finances publiques. Les tensions liées au vieillissement démographique et les initiatives pluriannuelles portant sur les dépenses publiques sont toutes victimes de ce caractère abstrait.

3.2.3. La « malédiction de la connaissance »

Comme c'est souvent le cas, l'écart de compétences entre les spécialistes et l'opinion publique qu'ils cherchent à informer peut être accentué par une mauvaise communication.

Ce constat met en évidence un troisième enjeu fondamental concernant la manière dont les finances publiques sont présentées : la « malédiction de la connaissance ». Il s'agit de la tendance des experts à supposer que les autres maîtrisent déjà des sujets qu'ils trouvent faciles à comprendre. Comme l'explique Pinker (2014, p. 61[6]) :

> *« il ne vient tout simplement pas à l'esprit de l'auteur que ses lecteurs ne savent pas ce qu'elle sait – qu'ils ne maîtrisent pas le patois de sa corporation, qu'ils ne peuvent pas deviner les étapes manquantes qu'elle considère comme trop évidentes pour être mentionnées, qu'ils n'ont aucun moyen de se représenter un contexte qui, pour elle, est clair comme de l'eau de roche. Elle ne prend donc pas la peine d'expliquer le langage technique, d'exposer la logique ou de fournir les détails nécessaires. »*

La « malédiction de la connaissance » est un problème omniprésent. Elle rend de vastes volumes de texte impénétrables. Elle fait perdre d'innombrables heures à ceux qui doivent déchiffrer un langage inutilement complexe. Et comme elle est généralement involontaire, la corriger peut s'avérer être un exercice délicat pour ceux qui communiquent. En effet, Pinker la présente comme l'explication la plus convaincante du fait que « des personnes compétentes écrivent de prose de mauvaise qualité ».

Afin de renforcer la compréhension des finances publiques par les citoyens, il est indispensable de reconnaître les limites des modalités de communication dans ce domaine. Des efforts concertés doivent être entrepris pour lever les barrières dressées entre spécialistes et non-spécialistes. Une telle démarche contribuera à rendre les activités de communication davantage accessibles pour un public plus large. Ce n'est qu'alors que la volonté politique nécessaire à l'action pourra se manifester.

3.3. S'appuyer sur les bonnes pratiques

3.3.1. Enseignements tirés de certaines bonnes pratiques

Il n'est pas facile d'améliorer la compréhension des finances publiques par la population. Il existe toutefois quelques exemples particulièrement instructifs au sein de l'OCDE.

Bureau néerlandais d'analyse de la politique économique (CPB)

Ces dernières années, le CPB néerlandais a engagé d'importantes réformes sur son approche de communication. Il a pris des mesures significatives pour instaurer une culture de communication plus vaste à l'échelle de l'ensemble de l'organisation. Par ailleurs, il a adopté une démarche de communication plus prospective.

Le CPB suit une approche holistique en matière de communication. Il sensibilise son personnel dès le premier jour à l'importance cruciale de la communication dans le cadre de ses travaux, plutôt que de laisser les experts en communication assurer la liaison avec le personnel chargé de l'analyse à la fin des projets. Cette démarche commence dès la phase de recrutement. L'une des compétences essentielles attendues des nouveaux collaborateurs est leur capacité à communiquer de manière très accessible. Dès leur arrivée, les nouveaux analystes suivent une formation en communication à raison d'une journée par semaine pendant huit à dix semaines. Au cours de cette période, l'équipe chargée de la communication passe en revue les publications qui ont eu le plus d'impact et donné les meilleurs résultats au cours de la période passée. Les collaborateurs apprennent à structurer leurs travaux de recherche afin de les communiquer de manière efficace. Ils abordent également des notions fondamentales telles que la formulation de phrases clairement structurées et les moyens de représenter visuellement les informations de manière plus efficace. L'un des objectifs est de produire des documents avec des messages clés faciles à repérer, accompagnés de visuels clairs et d'un argumentaire convaincant.

Graphique 3.4. L'utilisation de visuels pour illustrer l'ampleur « hors échelle » de la dette publique aux Pays-Bas

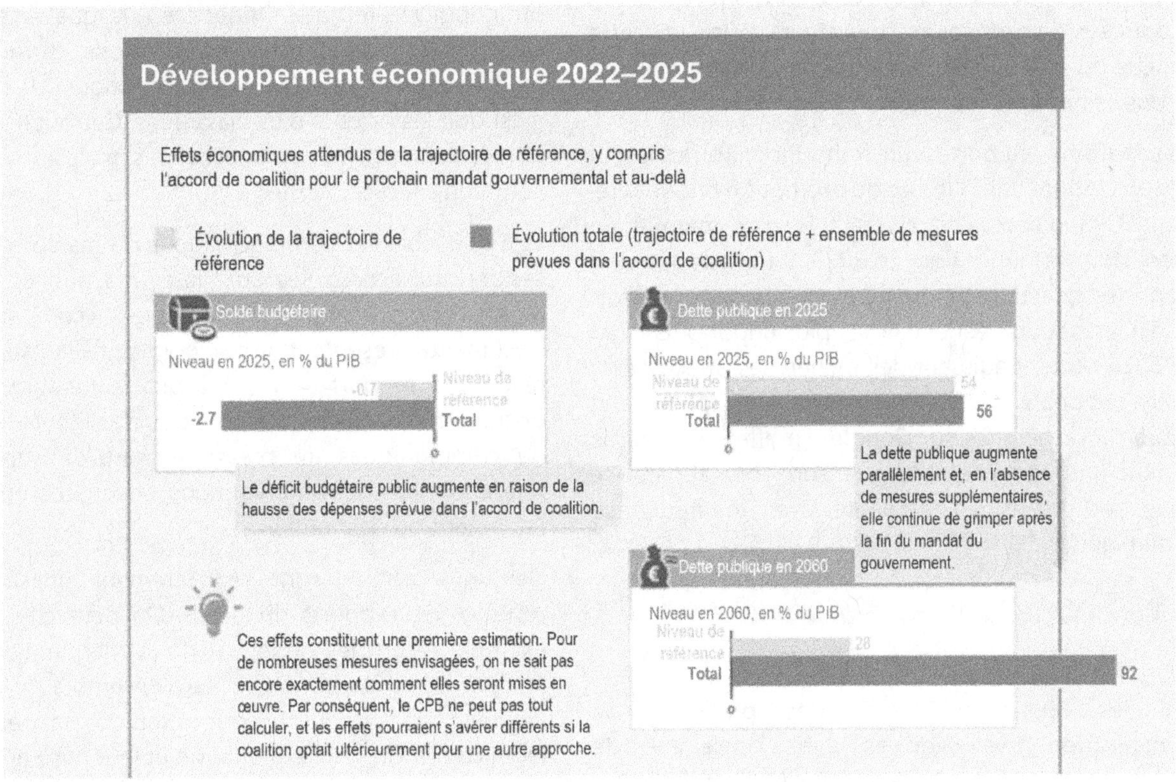

Source : CPB (2022[7]), Infographie sur les évolutions économiques, 2022-2025. Adapté en anglais.

Il existe plusieurs exemples illustrant les avantages de cette approche. La présentation graphique de la dette publique a fait l'objet d'une approche créative. Pour mettre en évidence l'ampleur de l'augmentation de l'endettement, les collaborateurs ont représenté la dette nationale comme dépassant les marges d'une page contenant d'autres éléments visuels (Graphique 3.4). Cette approche a suscité un certain amusement et un vif débat dans les médias. Par ailleurs, dans le cadre de travaux consacrés à la TVA sur les fruits et légumes, un chercheur relativement junior participant au projet a su communiquer le contenu avec une telle clarté qu'il a été invité à s'exprimer devant le Parlement. Une partie du succès de ce projet tenait à son aptitude à montrer le côté plus humain des questions de finances publiques. Ces exemples mettent en évidence quelques-unes des façons dont l'intégration de la communication a contribué à renforcer la créativité et la clarté de la communication du CPB.

Par ailleurs, en faisant évoluer sa stratégie de communication, le CPB est passé d'une approche « réactive » à une approche « proactive ». L'équipe du CPB chargée de la communication est ainsi associée à la production des rapports pendant les étapes initiales et intermédiaires, au lieu d'attendre que les chercheurs produisent leurs données finales et de réagir aux derniers événements budgétaires au fur et à mesure. En outre, elle s'efforce d'anticiper les thèmes émergents clés ou les domaines prioritaires. Dans le cadre de ce changement de mentalité, le CPB évalue les aspects sensibles et les éventuelles questions de calendrier qui pourraient l'amener à adapter son approche en vue d'optimiser son impact.

Un autre aspect de la culture de communication adoptée par le CPB est son caractère très ouvert. L'ensemble de son personnel est libre de s'entretenir avec les journalistes à titre informel, officieusement. Pour appuyer cette démarche, le CPB met en ligne les coordonnées de tous ses collaborateurs. Selon lui, cette approche est essentielle pour favoriser et entretenir des relations saines avec les médias.

Tous ces efforts ont porté leurs fruits. Parmi toutes les IBI prises en compte dans l'Indice de promotion budgétaire, c'est le CPB qui connaît l'impact le plus marqué en matière de communication. En 2023, un article sur cinq traitant des questions budgétaires publié dans les trois sites d'information néerlandais les plus importants citait le CPB. En outre, s'agissant des recherches effectuées à l'échelle nationale, c'est l'IBI comptabilisant le plus grand nombre de recherches sur Google. En effet, il se passe rarement une semaine sans que son nom apparaisse dans les recherches des internautes avec une fréquence non négligeable.

Bureau de la Directrice parlementaire du budget (BDPB) du Canada

Parmi les IBI ayant inscrit des pratiques de communication très évoluées dans l'ensemble de l'institution, on trouve aussi le BDPB canadien. À l'instar du CPB néerlandais, le BDPB considère que sa capacité à communiquer clairement ses informations est cruciale pour mener à bien ses travaux. Sa direction cite la nécessité d'une « analyse solide, approfondie et crédible » comme une condition essentielle, tout en rappelant que « si nous ne parvenons pas à expliquer quelque chose, c'est que nous nous y prenons mal ».

Le BDPB a adopté une approche d'ouverture similaire à celle du CPB. Il applique une politique dite « d'ouverture par défaut ». Les membres du personnel sont autorisés à s'exprimer de manière informelle auprès des journalistes, et sa direction met tout en œuvre pour entretenir de bonnes relations avec la presse.

Le BDPB forme son personnel aux techniques de communication claire. Pour ce faire, le BDPB utilise des outils logiciels tels que « Antidote », lesquels mettent en évidence les redondances, les répétitions, les verbes trop neutres et d'autres particularités stylistiques de l'écriture, ainsi que les erreurs plus classiques. Cet outil est utilisé non seulement pour les publications, mais aussi pour les communications internes.

Le BDPB cible ses communications de manière à rendre ses travaux accessibles aux différents publics. Chaque rapport comporte une synthèse et est accompagné d'un document présentant les « points saillants », lequel résume le rapport en deux à quatre paragraphes. Ce document est utilisé en interne pour faciliter la rédaction de communiqués de presse et sert de support de référence lors des interventions effectuées auprès du Parlement ou des médias.

Des infographies sont régulièrement utilisées pour résumer les rapports du BDPB. On peut citer comme exemple récent les dépenses de la Marine. Le BDPB a analysé les coûts potentiels sur l'ensemble du cycle de vie de la flotte, depuis la conception des navires jusqu'à leur acquisition, leur exploitation et leur mise au rebut. Il a illustré les étapes de développement à l'aide d'un graphique très instructif incorporé dans le rapport principal (Graphique 3.5). Cette information a été complétée par une infographie présentant le temps consacré à chaque étape ainsi que les coûts associés. Ce rapport a suscité un vif intérêt dans les médias et a relancé le débat sur les résultats des marchés publics.

Graphique 3.5. Engagements continus relatifs à la marine canadienne

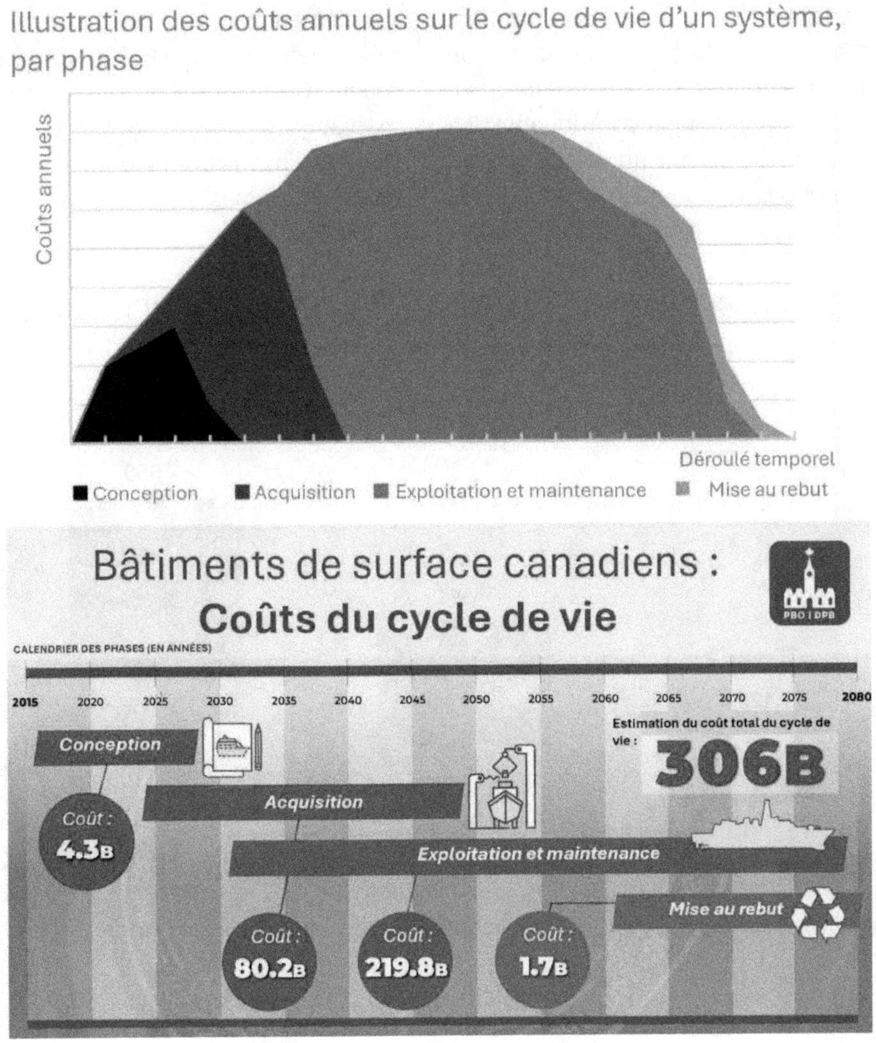

Source : (Busby, Kho et Penney, 2022[8]).

Conseil consultatif budgétaire de l'Irlande

À l'instar du CPB néerlandais et du BDPB canadien, bien que disposant de ressources plus modestes, le Conseil consultatif budgétaire de l'Irlande intègre une communication solide dans l'ensemble de ses activités.

Le Conseil considère la communication comme une priorité absolue pour son personnel. Le processus commence très tôt : la clarté de la communication est un critère déterminant lors de l'évaluation des candidats potentiels. Le Conseil organise chaque année des sessions de formation internes sur les techniques de rédaction et de présentation efficaces, en s'appuyant sur ses propres expériences passées en matière de publications. De plus, l'ensemble de son personnel suit une formation professionnelle axée sur les relations avec les médias.

Le Conseil a noué des relations durables avec les médias et échange régulièrement de manière informelle avec les journalistes. Il considère que cette approche est essentielle pour établir et entretenir les relations indispensables à l'accomplissement de son mandat.

Par ailleurs, le Conseil tire parti des réseaux sociaux de manière stratégique. Outre leur utilisation pour promouvoir ses travaux, il s'en sert pour intervenir, à des moments clés, sur des questions d'actualité. Lorsque des domaines couverts par ses analyses passées font l'objet d'un débat à l'échelle nationale, il publie des contenus sur ses travaux antérieurs afin d'apporter des éléments d'information aux discussions.

La couverture des tensions liées au vieillissement démographique illustre parfaitement la capacité du Conseil à capter l'attention du public. Le Conseil a condensé une partie de l'analyse présentée dans son rapport sur la viabilité à long terme en mettant en évidence les implications pour chaque contribuable. Il a estimé que les travailleurs percevant un salaire moyen devraient payer 1 000 EUR supplémentaires de cotisations sociales par an, ne serait-ce que pour financer le nombre croissant de personnes atteignant l'âge de départ à la retraite. Il a estimé qu'un montant supplémentaire de 800 EUR serait nécessaire si le relèvement de l'âge de la retraite n'était pas mis en œuvre (Graphique 3.6). Cette analyse a suscité un débat médiatique nourri et soutenu sur les implications de la politique des retraites pour les différentes générations de contribuables.

Graphique 3.6. Les tensions liées aux pensions de retraite en Irlande

Augmentation en EUR des cotisations sociales en valeur actuelle, selon différentes mesures envisageables

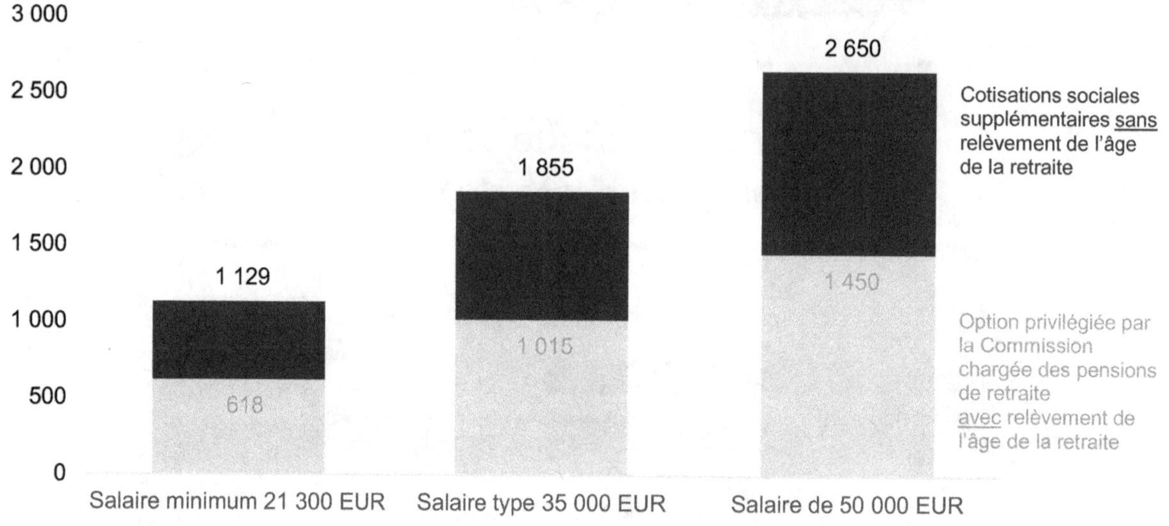

Note : Les chiffres sont basés sur les options 3 et 4 de la Commission sur les pensions de retraite (2021), en tenant compte des hausses du taux des cotisations sociales (PRSI) jusqu'en 2050.
Source : Conseil consultatif budgétaire irlandais (2022[9]).

StatLink https://stat.link/ukfdtq

Les modalités d'examen de ses travaux par le Conseil constitue une autre activité notable. Ce dernier fait le bilan de ses principaux rapports en s'appuyant sur plusieurs indicateurs de lisibilité, suit attentivement l'impact médiatique et recense les exemples de textes ayant eu un impact souhaitable ou indésirable. L'objectif est de tirer des enseignements de ses travaux en permanence et d'améliorer l'action engagée en matière de communication.

Malgré des ressources plus modestes, le Conseil a réussi à exercer une influence importante sur le débat national. Il bénéficie d'une forte présence dans les médias, où il contribue à façonner l'opinion publique (Nicol et al., 2021[10]), et est cité dans près d'un tiers des articles traitant de questions budgétaires.

Enseignements tirés des études de cas

Il est important de noter que tant le CPB néerlandais que le BDPB canadien disposent de services de communication bien établis. Dans le cadre du changement d'approche du CPB, son service de communication compte désormais six personnes. Cela correspond à l'effectif total de certaines institutions plus modestes. Ce niveau de dotation en ressources permet une répartition fine des responsabilités. Par exemple, une personne se concentre sur les relations extérieures, une autre sur le suivi des activités de communication et de l'impact, une autre encore sur les questions plus stratégiques, et une autre sur le site web du CPB. Le BDPB canadien compte également des experts parmi son personnel.

De nombreuses institutions ne seront pas en mesure de mobiliser des ressources similaires à celles du CPB néerlandais et du BDPB canadien. Elles peuvent toutefois s'inspirer de leurs expériences pour tirer les leçons de ce qui a fonctionné. Elles peuvent également s'appuyer sur les expériences d'institutions plus modestes dépourvues de personnel dédié à la communication – comme le Conseil consultatif budgétaire irlandais – mais qui ont mis en place des pratiques de communication avancées. Une partie de ce succès peut être attribuée aux actions menées pour affirmer leur indépendance, concentrer l'analyse sur des domaines clés et instaurer une culture de communication solide chez les analystes.

Outre l'adoption d'une culture favorisant une communication claire au sein de leurs organisations, ces études de cas font ressortir plusieurs tendances.

Apprendre en permanence : ces institutions mettent généralement l'accent sur les enseignements tirés de leurs publications antérieures afin d'améliorer leur communication, en s'appuyant sur ce qui a fonctionné et en évitant les erreurs passées.

Être ouvert : ces institutions se caractérisent généralement par une grande ouverture. En d'autres termes, elles collaborent activement avec la presse de manière informelle. En effet, il s'agit pour elle d'un élément central de leur mission.

Rendre le contenu accessible et plus humain : on observe souvent un effort délibéré consistant à donner un visage plus humain aux thèmes budgétaires. Cette approche est utile, car de nombreux sujets budgétaires peuvent être complexes et difficiles à analyser. Ces institutions trouvent le moyen d'identifier des domaines centraux bien définis auxquels le grand public peut s'identifier visuellement, en faisant le lien avec sa propre situation personnelle. Pour cela, un certain degré de créativité est nécessaire.

3.3.2. Autres éléments à prendre en considération pour améliorer la communication sur les finances publiques

Les expériences des institutions caractérisées par une communication efficace sont utiles afin d'explorer les modalités à suivre pour améliorer la communication sur les finances publiques, mais d'autres exemples peuvent également fournir des éclairages précieux.

La présente section s'intéresse à l'importance de la simplicité et de la lisibilité. Elle examine également les enseignements à tirer de la récente renaissance du langage clair à la Banque centrale européenne (BCE).

Simplicité

Pour communiquer sur les finances publiques, il est important d'être conscient du déficit d'information entre spécialistes et non-spécialistes, ainsi que de certaines des problématiques fondamentales liées à la compréhension des finances publiques identifiées dans les sections précédentes.

Tout d'abord, il convient d'observer qu'une mauvaise communication peut causer des problèmes tant en interne qu'en externe. Il est important d'inscrire une communication de qualité dans l'ensemble d'une organisation. Cette démarche peut améliorer le débat interne, affiner la réflexion et éliminer les formulations peu constructives et opaques avant qu'elles ne se retrouvent dans le domaine public.

Deuxièmement, il est utile de s'attacher à expliquer pourquoi certains aspects des finances publiques revêtent une importance particulière. Cet élément est souvent considéré comme acquis et négligé dans les rapports budgétaires. Il ne faut pas partir du principe que les lecteurs comprennent nécessairement pourquoi une dette élevée ou en hausse peut constituer un problème. Le manque de culture financière est courant et il semble qu'une compréhension insuffisante des principes de base touche également les questions relatives aux finances publiques, même parmi les principaux acteurs.

Le CBO américain tient compte de cette réalité dans ses travaux. Il revient fréquemment sur certains des risques fondamentaux liés à la viabilité de la dette, sans partir du principe que le grand public en a intuitivement conscience. En outre, il prend soin de renvoyer ses lecteurs, lorsque cela s'avère pertinent, à son abécédaire sur la dette fédérale, particulièrement bien rédigé (CBO, 2020[11]).

Troisièmement, les sciences cognitives fournissent des éclairages essentiels sur la manière de simplifier davantage les finances publiques. Il existe une documentation de plus en plus abondante sur l'utilisation du langage dont il convient de tenir compte dans les débats sur les finances publiques. Le Tableau 3.1 présente plusieurs réflexions issues des travaux publiés en sciences cognitives qui s'intéressent à la manière dont les individus appréhendent les grandes quantités, l'un des enjeux fondamentaux soulignés précédemment.

Tableau 3.1. Orientations fondées sur la science concernant la communication relative aux finances publiques

Arrondir généreusement et utiliser les millions et les milliards avec prudence	
(Nguyen, Hofman et Goldstein, 2022[12])	Les nombres arrondis sont généralement mieux mémorisés que les nombres précis (68 % contre 47 %). Paradoxalement, il est souvent plus facile de se rapprocher des valeurs précises après avoir lu des nombres arrondis, qu'après avoir lu les nombres exacts.
(Landy, Silbert et Goldin, 2013[5])	L'arrondi est plus efficace lorsqu'il s'accompagne de modificateurs tels que « 1 million USD » ou « 1 milliard USD ». En revanche, l'arrondi est moins nécessaire lorsque l'on utilise des unités précises, comme « 1 120 000 USD ». Il est également plus facile de comparer la valeur relative des nombres lorsque le même modificateur est utilisé. Par exemple, il est plus facile de comparer 2 millions à 800 millions qu'à 2 milliards. Cette difficulté à mettre en relation différents modificateurs, tels que les millions et les milliards, est significative. *Exemples :* *Préférer « 1 120 000 USD » à « 1 123 790 USD » – Pour les montants financiers, il est préférable d'utiliser 3 ou 4 chiffres pour les nombres de 7 à 10 chiffres.* *Préférer « 1.1 milliard USD » à « 1.124 milliard USD ». Lorsque des modificateurs tels que « millions » ou « milliards » sont utilisés, la tolérance du public à l'égard de la précision diminue. Pour les montants à 10 chiffres accompagnés de modificateurs, on privilégie généralement le chiffre le plus proche de 100 millions.* *Préférer « 10 milliards USD, dont 1 milliard d'intérêts sur la dette » à « 10 milliards USD, dont 980 millions d'intérêts sur la dette »*
Mettre en perspective	
(Barrio, Goldstein et Hofman, 2016[13]) (Riederer, Hofman et Goldstein, 2018[14]) (Chaganty et Liang, 2016[15]) (Jones et Taylor, 2009[16])	Les points d'ancrage – repères conceptuels ou points de référence utiles – facilitent la compréhension de mesures inhabituelles ou de grande ampleur. Ils permettent de relier la compréhension de nouveaux domaines à des éléments déjà connus. L'utilisation de « clauses de mise en perspective » constitue un moyen particulièrement efficace d'améliorer la capacité du public à interagir avec les grands nombres et les nouvelles mesures. Celles-ci facilitent la mémorisation, la détection des erreurs et l'application des connaissances à d'autres mesures connexes. Les clauses de mise en perspective consistent à utiliser des phrases simples contenant des pourcentages, des ratios, des classements ou d'autres comparaisons afin de fournir un contexte autour des mesures numériques. *Exemples :* *« Pour mettre en perspective, cela représente environ 1.2 fois les dépenses équivalentes au Royaume-Uni. »* *« Pour mettre en perspective, des recettes annuelles de 7.9 milliards USD reviennent à environ 25 USD par habitant aux États-Unis. »* *« 5 millions USD, c'est à peu près ce que gagne en moyenne une personne au cours de sa vie. »*
Donner une dimension personnelle	
(Hullman et al., 2018[17]) (Chevalier, Vuillemot et Gali, 2013[18])	L'utilisation d'exemples réels tirés de la vie quotidienne aide à rendre les mesures complexes plus concrètes. Les participants à l'étude indiquent que ce type de reformulation est bien plus utile que les changements d'unités et les analogies proportionnelles lorsqu'il s'agit de poids, de volume et de longueur. Les études présentent des mesures parallèlement à des objets ayant des dimensions similaires. Par exemple, on décrit 28 livres comme « le poids d'un micro-ondes ». Il est essentiel que l'objet aient des liens concrets avec les expériences quotidiennes. Voici quelques exemples possibles appliqués aux publications sur les finances publiques : *« Pour un contribuable moyen gagnant 60 000 USD, cela représenterait... »* *« Cette augmentation des dépenses équivaut à doubler les allocations familiales mensuelles au titre des enfants à charge, qui passeraient de 100 à 200 GBP par mois. »*

Source : diverses (voir la première colonne).

Rendre les textes lisibles

Une façon d'améliorer la communication consiste à mettre l'accent sur la lisibilité, c'est-à-dire la facilité avec laquelle un texte peut être compris.

La lisibilité ne se résume pas à l'utilisation de phrases succinctes et de mots brefs. Si les formules de lisibilité peuvent constituer un bon point de départ, elles ne tiennent pas toujours compte de facteurs comme la complexité du vocabulaire ou la qualité de la structure du texte. Des méthodes plus récentes évaluent des éléments tels que la diversité du vocabulaire, la structure des phrases et l'utilisation d'un langage concret afin de donner une image plus complète de la lisibilité.

Malgré ces avancées, le jugement humain reste indispensable pour analyser des éléments complexes, notamment la mise en page et la clarté du message (Encadré 3.1).

Encadré 3.1. Les outils de lisibilité sont utiles, mais ils ne peuvent pas tout gérer

Pour rendre les finances publiques plus faciles à comprendre, il faut communiquer de manière plus claire. L'un des aspects de cette démarche consiste à améliorer la lisibilité. Mais la lisibilité, telle qu'elle est généralement mesurée, n'est pas suffisante. Pour favoriser la compréhension de la population, il faut connaître le public visé et ce que celui-ci considère comme utile et souhaitable.

Mesurer la lisibilité

Il existe plusieurs sites web proposant des outils mesurant la lisibilité. Ces outils s'appuient sur divers indicateurs pour évaluer le degré de lisibilité d'un texte. On peut citer, par exemple, readability.io, webfx.com et readabilityformulas.com. Ils offrent un moyen objectif d'affiner un texte et de le rendre plus lisible.

Les indicateurs traditionnels ont généralement une portée limitée

La plupart des indicateurs traditionnels utilisés par les sites web de lisibilité s'intéressent à la densité du texte. En d'autres termes, ils prennent en compte des éléments tels que le nombre de mots par phrase, le nombre de lettres ou de syllabes par mot, etc. Parmi ces indicateurs, on peut citer l'indice de lisibilité automatisé, l'indice de Gunning-Fog, l'indice SMOG, l'indice de Coleman-Liau et l'indice du niveau de langue Flesch-Kincaid. Ils encouragent l'emploi de phrases succinctes et de mots brefs pour rendre le texte plus lisible.

Cependant, se concentrer uniquement sur la densité peut être une erreur. Cela revient à ignorer le sens voulu du texte, le degré de confusion que peuvent susciter les mots, la cohérence du texte, etc. Un passage peut être succinct et composé de mots brefs tout en restant difficile à suivre. En effet, il pourrait contenir des idées abstraites, des mots au sens ambigu, des termes issus de domaines très variés ou des structures de phrases maladroites.

Les mesures plus récentes vont plus loin, mais sont moins simples

Au fil du temps, des mesures de lisibilité plus vastes ont vu le jour. Celles-ci ne se limitent pas à la densité. Des mesures telles que la nouvelle formule de lisibilité Dale-Chall s'appuient sur des listes de mots courants pour aider à évaluer la facilité de lecture d'un texte. Certaines mesures plus récentes ont cherché à élaborer des cadres d'analyse plus complets. Par exemple, le Cadre européen commun de référence pour les langues intègre des variables de densité courantes ainsi que des mesures plus récentes. Il incorpore des variables telles que le nombre de pronoms par phrase, le nombre de prépositions par phrase, ainsi que le nombre de noms et de termes utilisés. Toutes ces mesures peuvent ensuite être intégrées dans un indice global évaluant la facilité de compréhension d'un texte.

Les outils modernes de traitement du langage naturel ont permis d'aller encore plus loin, en mobilisant des techniques nettement plus avancées pour appréhender la lisibilité. On peut citer, par exemple, CAREC, Coh-Metrix, TAACO, le TextEvaluator de l'Educational Testing Service et le Reading Maturity Metric de Pearson. En général, ces outils suivent plusieurs étapes. Tout d'abord, les chercheurs identifient un grand nombre de textes. Ensuite, ils modélisent la manière dont les lecteurs comprennent le texte en s'appuyant sur les caractéristiques applicables en la matière. Puis, ils élaborent une note récapitulative de ces caractéristiques, par exemple en utilisant l'analyse en composantes principales ou des modèles de régression. Enfin, les évaluations humaines de la complexité du texte sont modélisées en fonction des notes estimées. L'idée est de prédire les évaluations humaines à partir des caractéristiques modélisées. Bon nombre de ces méthodes plus récentes se sont révélées plus performantes que les formules de lisibilité traditionnelles.

L'une de leurs limites réside dans le fait que ces nouveaux outils de traitement du langage naturel sont souvent moins simples à évaluer et à utiliser. Ils sont également moins facilement accessibles que d'autres méthodes[1].

Il peut néanmoins être instructif d'examiner les caractéristiques spécifiques sur lesquelles ces modèles se concentrent. En particulier celles qu'ils jugent importantes pour prédire avec succès les évaluations humaines de la lisibilité d'un texte. Par exemple, ils examinent la diversité du vocabulaire et la cohésion du texte. En d'autres termes, fait-on appel aux mêmes mots sans cesse ou à un large éventail de mots issus de contextes variés ? Le texte est-il bien structuré de manière à ne pas trop compter sur les connaissances préalables du lecteur concernant des éléments extérieurs au texte ? Ils examinent la complexité syntaxique : la charge imposée à la mémoire à court terme des lecteurs en raison de la complexité des liens entre les différentes parties d'un texte. Ils tiennent compte de la fréquence d'utilisation des mots ambigus ayant plusieurs sens. Ils évaluent le caractère « concret » des mots, c'est-à-dire leur capacité à susciter des images mentales significatives. En outre, ils peuvent tenir compte du style conversationnel et de la présence d'un fil directeur. Ces éléments sont difficiles à évaluer, mais il peut être important de les prendre en considération si l'on souhaite améliorer la lisibilité.

Des lacunes subsistent

À mesure que ces outils évoluent, ils offrent la possibilité d'améliorer la communication sur des sujets complexes tels que les finances publiques. Mais il existe encore des limites. Il convient également de prendre en compte des aspects tels que la mise en avant des messages clés, la capacité des titres à rendre le contenu plus accessible, l'utilité des graphiques, des tableaux et des images, ainsi que l'attrait de la mise en page. L'intelligence artificielle pourra aider les auteurs à rédiger des textes qui répondent aux critères de lisibilité. À terme, cependant, l'intelligence artificielle ne pourra pas tout faire. Les guides de style peuvent au contraire aider à trouver le juste équilibre et fournir des conseils sur des aspects non pris en compte par les outils de lisibilité. De plus, il reste utile d'interroger les acteurs concernés afin de mieux comprendre s'ils considèrent les documents utiles, convaincants, agréables à lire et faciles à suivre.

1. Le programme Coh-Metrix est disponible sous forme d'outil en ligne après inscription à l'adresse suivante : https://soletlab.asu.edu/coh-metrix/. TAACO est disponible en téléchargement à l'adresse suivante : https://www.linguisticanalysistools.org/taaco.html. ARTE est un outil de synthèse utile qui évalue un assortiment de formules de lisibilité, anciennes et nouvelles : https://nlp.gsu.edu/.

Enseignements tirés de la renaissance du langage clair à la Banque centrale européenne

La Banque centrale européenne (BCE) offre un autre exemple. La BCE a réussi à réformer ses pratiques de communication ces dernières années, les rendant plus accessibles et concrètes (voir l'Encadré 3.2).

Encadré 3.2. Comment la BCE a redynamisé sa communication

La BCE a donné la priorité à la redynamisation de sa communication. À l'issue d'un examen approfondi, elle a publié ses conclusions (Assenmacher et al., 2021$_{[19]}$) et réformé bon nombre de ses pratiques. Elle a mis l'accent sur un langage simple, privilégiant l'analyse descriptive à la précision, et ciblant ses communications selon différents types de lecteurs.

Instaurer la confiance

Avant la refonte de sa stratégie de communication, on considérait que les communications de la BCE étaient une lecture indispensable sur l'action publique et qu'elles n'avaient donc pas besoin de s'adresser à un public dépassant celui des experts.

En réorganisant sa communication, la BCE a cherché à renforcer la confiance envers ses décisions auprès d'un public plus large. Elle considérait que le fait de gagner la confiance du grand public contribuerait à mieux faire comprendre ses décisions et, par conséquent, à appuyer l'action engagée pour maintenir un niveau d'inflation modéré dans la zone euro. Cette mesure a été jugée indispensable à la préservation de sa crédibilité et de la confiance générale à l'égard du système financier.

Modalités de mise en œuvre

L'un des principaux objectifs de cette refonte était de rendre ses communications plus percutantes, plus concrètes et plus accessibles, tout en leur donnant un récit plus clair. Pour ce faire, la BCE a mis davantage l'accent sur plusieurs domaines :

Lisibilité : la BCE a encouragé son personnel à utiliser des indicateurs de lisibilité fondés sur des niveaux. Ces indicateurs sont facilement accessibles dans des logiciels courants tels que Microsoft Word. Ils offrent un moyen rapide et assez pertinent d'évaluer la lisibilité des documents et de comparer les institutions entre elles, tout en répondant à la soif de données des économistes. En outre, l'Indice du niveau de langue Flesch-Kincaid sur lequel reposent ces indicateurs est facile à communiquer, car il est exprimé en termes d'« années de scolarité nécessaires pour comprendre une portion de texte donnée »[1]. Le langage utilisé auparavant dans les comptes rendus relatifs à la politique monétaire décrivant les délibérations et les décisions de la BCE dans ce domaine impliquait en moyenne 16 à 18 années d'études pour être compris.

Primauté du récit sur la précision : il a également été décidé de privilégier des discours bien définis au lieu de données statistiques précises. Plutôt que de dire « d'après les projections du personnel, la croissance du PIB réel passera de 1 % à 2 % », on a préféré une formulation plus simple : « la croissance devrait s'accélérer ». Dans la même veine, au lieu de dire « les taux de chômage devraient baisser et atteindre 5 % », on a préféré, lors de l'élaboration du message, un discours plus percutant : « beaucoup plus de personnes auront un emploi ». Il s'agissait d'un changement majeur, qui a d'abord suscité une certaine résistance interne. Celle-ci est compréhensible, dans la mesure où de nombreux collaborateurs craignaient que cette approche nuise à l'exactitude des déclarations de la BCE et risque de favoriser une incompréhension généralisée. Cependant, d'après le personnel chargé de la communication à la BCE, ces risques ont été exagérés et rien n'indique l'existence de malentendus.

Un langage accessible : outre l'action engagée pour clarifier son discours, la BCE a élaboré un glossaire bien défini qui évite le langage technique. Son équipe de communication a mis au point des glossaires internes afin d'identifier des formulations plus claires pour remplacer une grande partie du langage technique souvent employé auparavant. Cette approche couvre tous les aspects, de la référence aux banques (auparavant souvent désignées par le terme « institutions financières non monétaires »), aux descriptions de l'activité économique et aux analyses des risques.

Une communication ciblée : la BCE s'est également efforcée d'adapter la présentation de ses analyses à différents publics. Ce ciblage des communications est un moyen utile d'élargir le public visé. Elle implique de créer davantage de moyens d'accéder au même contenu, qu'il s'agisse de notes approfondies ou de synthèses, de blogs ou de publications sur les réseaux sociaux.

Les déclarations de politique monétaire « en bref » illustrent bien la manière dont ce ciblage est mis en œuvre. Il s'agit de documents visuels qui expliquent les décisions de politique monétaire prises toutes les six semaines. Conformément à d'autres objectifs, ils sont courts, faciles à comprendre et mettent l'accent sur le discours plutôt que sur des données précises. De plus, ces déclarations sont très visuelles, s'appuyant sur des graphiques et des tableaux simples accompagnés de portions de texte brèves. Elles sont disponibles dans les 24 langues de l'Union Européenne. Un aspect de ce travail mis en lumière par certaines banques centrales est l'importance d'élaborer plusieurs guides de style – des outils visant à garantir que la mise en page, le style et le contenu affichent un format et un ton homogènes.

L'accent sur les avantages offerts par les médias traditionnels et les nouveaux médias : à l'issue de cette analyse, la BCE a souligné que les médias traditionnels, tels que la télévision, restaient un moyen important et relativement inexploité pour toucher un large public.

Malgré son déclin, la télévision demeure un support essentiel à travers lequel la population s'informe (Newman et al., 2025[20]). De plus, elle permet d'atteindre des publics au-delà du cercle habituel des spécialistes. Étendre ainsi son public contribue à instaurer la confiance, la responsabilité des acteurs et la crédibilité.

Toujours est-il que les réseaux sociaux offrent des possibilités sans précédent en matière de communication directe. C'est pourquoi la BCE a également multiplié les canaux de communication, notamment via Instagram, X et LinkedIn. Les expériences sur les réseaux sociaux sont jugées positives, même si elles ont souvent été menées de manière ponctuelle et que le nombre d'abonnés de la banque centrale reste modeste par rapport à la taille de la population. Pour gagner en efficacité, il est estimé que ces initiatives devront évoluer afin d'améliorer le ciblage et de permettre une meilleure compréhension des attitudes, des besoins et des intérêts de la population.

L'écoute : un des enseignements les plus marquants de la révision de la stratégie de la BCE concerne le bénéfice tiré de ses activités d'écoute des acteurs concernés. Au cours de cette révision, l'Eurosystème a organisé de nombreux événements avec la communauté universitaire, les organisations de la société civile et le grand public, et a mené des échanges avec les parlements nationaux et européens. Ces interactions ont notamment mis en évidence la nécessité pour les banques centrales de mieux expliquer leur rôle et d'employer un langage compréhensible ainsi que des exemples concrets lors de ses échanges avec le grand public. En conséquence, le Conseil des gouverneurs prévoit de faire des événements d'information un élément permanent de l'interaction de l'Eurosystème avec le grand public, ces événements comportant à la fois une dimension « d'écoute » et une dimension « d'explication », afin d'aider le grand public à comprendre la stratégie de la BCE et ses implications.

Voir (Microsoft, s.d.[21]) pour consulter la page relative à l'assistance technique.

Sources : Assenmacher et al., (2021[19]) ; Newman et al., (2025[20]) et présentation de la BCE lors de la réunion annuelle 2024 du Groupe de travail de l'OCDE des responsables budgétaires des parlements et des institutions budgétaires indépendantes, Athènes (non publiée).

Graphique 3.7. Sept étapes pour améliorer la communication sur les finances publiques

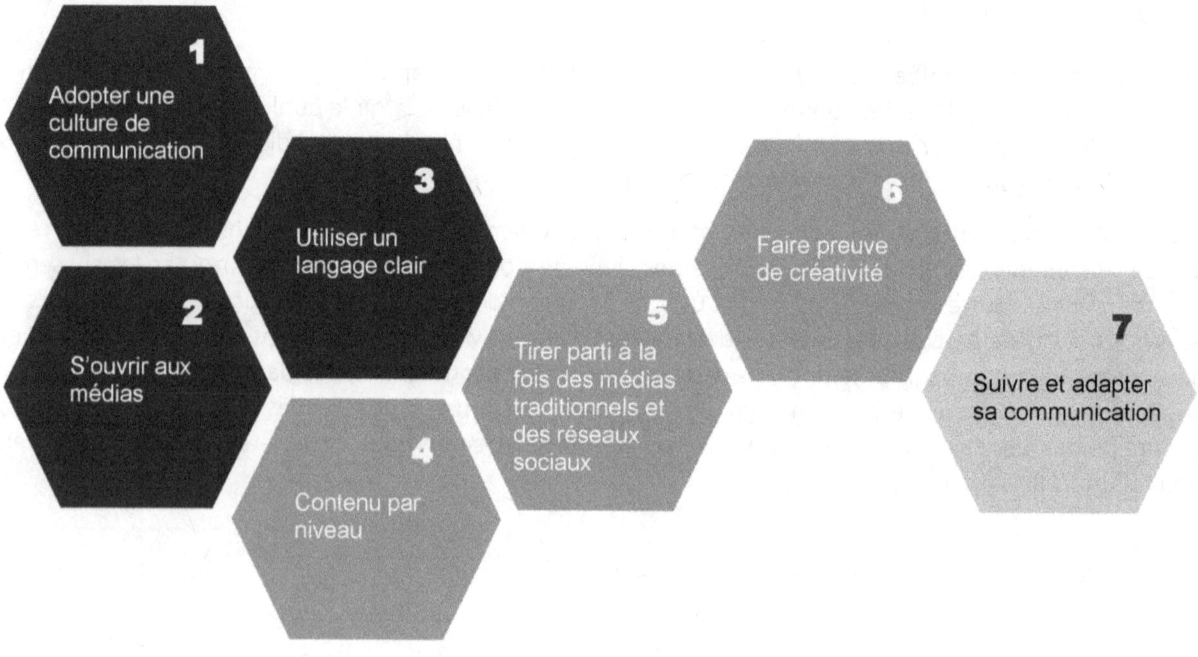

3.3.3. Principaux points à retenir : sept étapes pour améliorer la communication en matière budgétaire

Les principaux enseignements tirés de ces meilleures pratiques permettent de proposer sept étapes pour améliorer la communication des institutions sur les questions relatives aux finances publiques (voir le Graphique 3.7).

1. Adopter une culture de communication

L'adoption d'une culture de communication solide dans l'ensemble d'une organisation permet d'améliorer la communication et d'en accroître l'impact. Il ne suffit pas de disposer d'un ou deux experts en communication occupant des rôles marginaux. La valeur d'une approche intégrée est illustréepar des institutions telles que le CPB néerlandais, le BDPB canadien et le Conseil consultatif budgétaire irlandais. Cet objectif peut être atteint en mettant l'accent sur la formation du personnel afin qu'il communique clairement dès le premier jour et tout au long de sa carrière.

2. S'ouvrir

L'ouverture est un élément clé d'une communication réussie. C'est notamment en permettant à leur personnel de s'exprimer ouvertement auprès des journalistes et de dialoguer de manière proactive avec la presse, que le CPB néerlandais et le BDPB canadien sont parvenus à accroître leur impact – même si cela implique que les membres du personnel sortent de leur zone de confort. Cette ouverture est jugée essentielle pour établir des relations solides avec les médias, instaurer la confiance et, en fin de compte, renforcer l'impact de l'organisme.

3. Utiliser un langage accessible

L'utilisation d'un langage accessible constitue un enjeu essentiel. Le phénomène connu sous le nom de « malédiction de la connaissance » renvoie à la tendance des experts à supposer, à tort, que des sujets complexes qu'ils maîtrisent sont compris par les autres. Parmi les moyens de rendre le langage plus accessible, on peut citer les suivants :

- améliorer la lisibilité des textes, en privilégiant la clarté de la communication, et non uniquement la réduction de la longueur des phrases et des mots
- substituer au vocabulaire technique des formulations faciles à comprendre, tout en conservant la précision nécessaire
- employer des clauses de mise en perspective : des phrases simples contenant des pourcentages, des ratios, des classements ou d'autres comparaisons qui permettent de donner un contexte aux grands montants évoqués
- privilégier un axe logique plutôt que des détails et des nombres précis.

Ces stratégies peuvent contribuer à rendre les communications davantage accessibles en faveur d'un public plus large.

4. Cibler la communication

Les organisations qui appliquent les meilleures pratiques en matière de communication ont pour point commun de cibler leur contenu. Elles élaborent plusieurs modes de diffusion d'un même message, tout en tenant compte des différents publics. Cela va des notes approfondies aux synthèses, en passant par des explicatifs succincts, des articles de blog, des publications sur les réseaux sociaux, des vidéos courtes, des infographies, etc. À cet égard, il est essentiel de mettre au point plusieurs guides de style – outils permettant de garantir l'homogénéité du format et du ton dans la mise en forme, le style et le contenu au sein des différentes cibles.

5. Tirer parti des réseaux sociaux et des médias traditionnels de manière efficace

Pour toucher un large public de manière efficace, une double approche est nécessaire. Il faut tirer parti à la fois des médias traditionnels et des réseaux sociaux. Les médias traditionnels, comme la télévision, conservent une forte portée et touchent un public plus large, au-delà des seuls spécialistes. Cette approche est essentielle pour instaurer la confiance et la responsabilité.

Les réseaux sociaux, quant à eux, offrent la possibilité d'une communication directe avec le public. Une telle communication devrait être ciblée et tenir compte des besoins et des intérêts du grand public. Les institutions qui ont eu le plus grand impact en matière de communication sont celles qui ont su associer les médias traditionnels et les réseaux sociaux, garantissant ainsi que leur message touche un public large.

6. **Faire preuve de créativité**

Un certain nombre d'organisations ont mis au point des moyens créatifs pour susciter l'intérêt de leur public. Il peut s'agir de visualisations de données innovantes, de graphiques accrocheurs, d'explicatifs plus clairs ou de vidéos courtes. On peut citer, par exemple, le graphique de la dette « hors échelle » du CPB néerlandais, les graphiques sur l'impact des cotisations sociales du Conseil budgétaire irlandais et le graphique sur les engagements de la Marine du BDPB canadien. Le point fédérateur entre ces approches est qu'elles transmettent des idées complexes d'une manière simple, percutante ou qui établit un lien plus concret avec leur public.

7. **Suivre et adapter l'impact**

Pour s'assurer que leur message trouve un écho, les institutions qui ont fait leurs preuves privilégient le suivi et l'adaptation de l'impact de leur communication. Elles surveillent les mentions dans les médias, le trafic sur le web et même, dans le cas des grandes institutions, les références au Parlement, afin de comprendre comment leur message est perçu. Ces données leur permettent d'affiner leur approche, d'adapter leur contenu et d'identifier de nouvelles stratégies de communication. Au final, cela leur permet de s'assurer que leurs efforts ne sont pas vains et qu'elles obtiennent l'impact souhaité.

3.4. Conclusion

Une communication claire sur les finances publiques est essentielle pour renforcer la compréhension des enjeux et susciter l'adhésion aux décisions budgétaires difficiles qui s'annoncent. Si de nombreuses institutions sont confrontées à des enjeux similaires en matière de communication – qu'il s'agisse de la difficulté inhérente à la présentation de grands nombres ou du désintérêt général engendré par l'évolution du paysage médiatique –, ces obstacles peuvent être surmontés grâce à des fondements institutionnels solides et à un regain d'attention portée à la clarté, à l'ouverture et à l'accessibilité.

Les expériences menées dans les pays de l'OCDE montrent qu'une communication budgétaire efficace repose sur la crédibilité institutionnelle. L'action engagée en matière de communication a le plus d'impact lorsqu'elle s'appuie sur une analyse solide et indépendante et s'inscrit dans une culture organisationnelle plus large plutôt que de constituer une activité isolée. Les institutions qui incorporent la communication dans l'ensemble de leurs activités, entretiennent des relations constructives avec les médias et présentent des questions complexes au moyen de discours accessibles et parlants sont mieux à même de s'inscrire dans les débats nationaux et de conserver la confiance de l'opinion publique.

Parallèlement, il est important d'adapter la communication aux différents publics. Le ciblage du contenu, l'utilisation d'un langage plus accessible, la simplification des grands nombres et la concrétisation des concepts abstraits contribuent à combler l'écart entre l'analyse technique et la compréhension du quotidien. Les sciences cognitives viennent étayer cette approche : les individus réagissent plus fortement à des discours clairs, à des points d'ancrage bien choisis et à des liens avec le vécu personnel qu'à des détails précis mais opaques.

Une communication claire en matière de finances publiques suppose un effort concerté de la part de l'ensemble de l'écosystème budgétaire. Les exécutifs et les parlements peuvent s'appuyer sur les enseignements tirés par les IBI en continuant à adapter leurs compétences en matière de communication et à améliorer systématiquement les modalités d'explication des questions budgétaires au public. En s'appuyant sur les sciences cognitives et les meilleures pratiques des acteurs de premier plan, tels que les IBI, sept étapes sont proposées afin d'améliorer la communication budgétaire à plus grande échelle : adopter une culture de communication, s'ouvrir aux médias, utiliser un langage clair, cibler le contenu selon les différents publics, tirer parti des réseaux sociaux, faire un usage créatif des supports visuels et suivre rigoureusement l'impact des actions menées afin d'adapter les communications à venir.

En conclusion, une bonne communication n'est pas un plus facultatif. Elle se trouve au cœur de la manière dont les sociétés appréhendent leurs choix budgétaires à faire. Lorsqu'elle s'appuie sur des analyses indépendantes sur une culture qui valorise l'ouverture et la clarté, une communication robuste peut contribuer à renforcer la confiance, à combler le fossé séparant les spécialistes des citoyens, et à garantir que les débats au sujet des finances publiques sont fondés sur des analyses indépendantes solides, sont formulés à l'aide de termes accessibles et sont liés au quotidien de la population.

Références

Assenmacher, K. et al. (2021), « Clear, consistent and engaging: ECB monetary policy communication in a changing world », *European Central Bank Occasional Paper Series*, https://www.ecb.europa.eu/pub/pdf/scpops/ecb.op274~9aca14e6f6.en.pdf. [19]

Barrio, P., D. Goldstein et J. Hofman (2016), « Improving Comprehension of Numbers in the News », *Proceedings of the 2016 CHI Conference on Human Factors in Computing Systems*, pp. 2729-2739, https://doi.org/10.1145/2858036.2858510. [13]

Busby, C., A. Kho et C. Penney (2022), *The Life Cycle Cost of the Canadian Surface Combatants — A Fiscal Analysis*, https://www.pbo-dpb.ca/en/publications/RP-2223-016-C--life-cycle-cost-canadian-surface-combatants-fiscal-analysis--cout-cycle-vie-navires-combat-surface-canadien-analyse-financiere (consulté le 13 mars 2026). [8]

CBO (2020), *Federal Debt: A Primer*, Congressional Budget Office, https://www.cbo.gov/system/files/2020-03/56165-CBO-debt-primer.pdf. [11]

Chaganty, A. et P. Liang (2016), « How Much is 131 Million Dollars? Putting Numbers in Perspective with Compositional Descriptions », *Proceedings of the 54th Annual Meeting of the Association for Computational Linguistics (Volume 1: Long Papers)*, https://doi.org/10.18653/v1/p16-1055. [15]

Chevalier, F., R. Vuillemot et G. Gali (2013), « Using Concrete Scales: A Practical Framework for Effective Visual Depiction of Complex Measures », *IEEE Transactions on Visualization and Computer Graphics*, vol. 19/12, pp. 2426-2435, https://doi.org/10.1109/tvcg.2013.210. [18]

CPB (2022), *Economische ontwikkeling 2022-2025*, Netherlands Bureau for Economic Policy Analysis (CPB), https://www.cpb.nl/sites/default/files/omnidownload/CPB-Infographic-Economische-ontwikkeling-2022-2025.pdf. [7]

Hofstadter, D. (1982), *Metamagical themas: Number numbness, or why innumeracy may be just as dangerous as illiteracy*, Scientific American, https://www.jstor.org/stable/24966697. [4]

Hullman, J. et al. (2018), « Improving Comprehension of Measurements Using Concrete Re-expression Strategies », *Proceedings of the 2018 CHI Conference on Human Factors in Computing Systems*, https://doi.org/10.1145/3173574.3173608. [17]

Irish Fiscal Advisory Council (2022), *Pre-Budget Statement*, https://www.fiscalcouncil.ie/wp-content/uploads/2022/08/Pre-Budget-Statement-2023.pdf. [9]

Jones, M. et A. Taylor (2009), « Developing a sense of scale: Looking backward », *Journal of Research in Science Teaching*, vol. 46/4, pp. 460-475, https://doi.org/10.1002/tea.20288. [16]

Landy, D., N. Silbert et A. Goldin (2013), « Estimating Large Numbers », *Cognitive Science*, vol. 37/5, pp. 775-799, https://doi.org/10.1111/cogs.12028. [5]

Microsoft (s.d.), « Get your document's readability and level statistics », https://support.microsoft.com/en-us/office/get-your-document-s-readability-and-level-statistics-85b4969e-e80a-4777-8dd3-f7fc3c8b3fd2 (consulté le 13 avril 2026). [21]

Newman, N. et al. (2025), *Digital news report 2025*, Reuters Institute for the Study of Journalism., https://reutersinstitute.politics.ox.ac.uk/sites/default/files/2025-06/Digital_News-Report_2025.pdf. [20]

Nguyen, H., J. Hofman et D. Goldstein (2022), « Round Numbers Can Sharpen Cognition », *CHI Conference on Human Factors in Computing Systems*, pp. 1-15, https://doi.org/10.1145/3491102.3501852. [12]

Nicol, S. et al. (2021), « OECD Review of the Irish Fiscal Advisory Council », *OECD Journal on Budgeting*, https://doi.org/10.1787/bad25e52-en. [10]

OCDE (2024), *Enquête de l'OCDE sur les déterminants de la confiance dans les institutions publiques – résultats 2024 : Instaurer la confiance dans un contexte complexe*, Éditions OCDE, Paris, https://doi.org/10.1787/80ddd09b-fr. [1]

OCDE (2023), *Résultats du PISA 2022 (Volume I) : Apprentissage et équité dans l'éducation*, PISA, Éditions OCDE, Paris, https://doi.org/10.1787/165f1d07-fr. [3]

Pinker, S. (2014), *The Sense of Style: The Thinking Person's Guide to Writing in the 21st Century.*, Viking. [6]

Riederer, C., J. Hofman et D. Goldstein (2018), « To Put That in Perspective », *Proceedings of the 2018 CHI Conference on Human Factors in Computing Systems*, pp. 1-10, https://doi.org/10.1145/3173574.3174122. [14]

Tretter, T., M. Jones et J. Minogue (2006), « Accuracy of scale conceptions in science: Mental maneuverings across many orders of spatial magnitude », *Journal of Research in Science Teaching*, vol. 43/10, pp. 1061-1085, https://doi.org/10.1002/tea.20155. [2]

Notes

[1] Tous ces éléments sont évalués en fonction des pondérations de l'Indice de promotion budgétaire.

[2] Moins de 30 % des réponses des spécialistes et des étudiants plus âgés considérés comme « doués » ont été jugées suffisamment précises. Pour toutes les autres catégories d'élèves relevant du primaire, du collège et du lycée, moins de 5 % des réponses se situaient dans un ordre de grandeur proche de la valeur exacte.

4 La participation citoyenne : des urnes aux budgets

Ce chapitre, consacré à la participation citoyenne, donne un coup de projecteur sur les initiatives menées dans les pays de l'OCDE pour instaurer un dialogue bidirectionnel avec les citoyens sur les questions budgétaires. Si ces initiatives peuvent servir différents buts – qu'il s'agisse de trouver des solutions, de tester des politiques ou encore de gérer les attentes –, elles suivent systématiquement le même fil conducteur : renforcer la compréhension qu'a le public des enjeux liés aux finances publiques, créer les conditions permettant de mieux appréhender les besoins et les préférences des citoyens, et contribuer à bâtir le consensus devant nécessairement sous-tendre les décisions difficiles qu'il faut prendre en matière budgétaire, tout en s'assurant l'indispensable appropriation de ces décisions par les administrés. Miser sur la compréhension des citoyens sera déterminant pour les pays, dont les finances publiques sont placées face à de grands défis.

Infographie 4.1. La participation citoyenne : des urnes aux budgets

Associer les citoyens

Renforcer la confiance

S'assurer l'adhésion du public face aux décisions difficiles

Voter une fois tous les trois ou quatre ans n'est plus suffisant

La confiance est mise à rude épreuve, le débat est fragmenté, et les pouvoirs publics doivent faire des choix difficiles.

Les exécutifs et les parlements peuvent en faire davantage pour associer les citoyens, renforcer la confiance et s'assurer l'adhésion du public face aux arbitrages délicats à opérer.

Les parlements peuvent faire davantage participer les citoyens

Généralement, les initiatives prises dans le processus budgétaire servent plusieurs buts, qu'il s'agisse de **trouver des solutions**, de **tester des politiques**, ou de **gérer les attentes**.

Mais elles suivent systématiquement un fil conducteur : celui de **renforcer la compréhension** des enjeux, des besoins des administrés et du fait que des décisions difficiles doivent être prises.

Initiatives des commissions du budget ou des finances

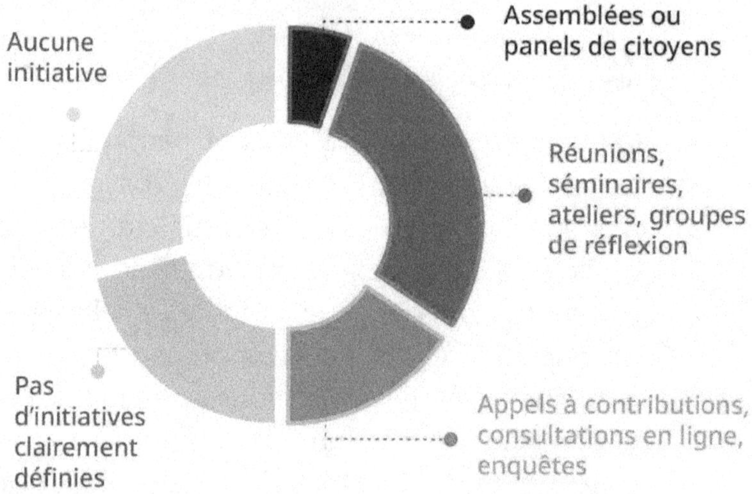

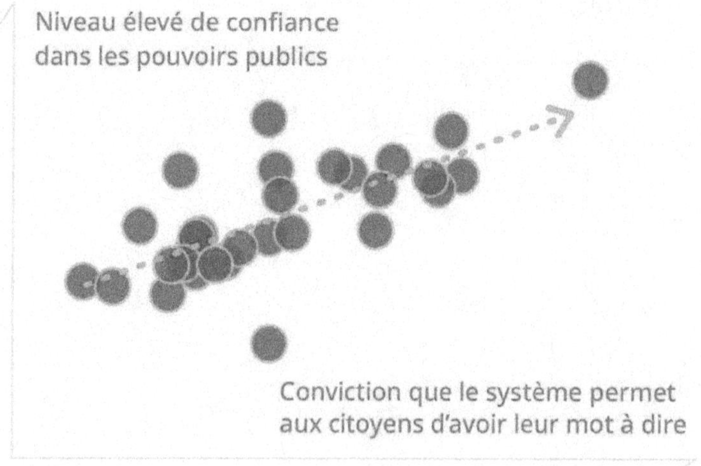

Le sentiment d'être écouté, synonyme d'une confiance accrue

Les travaux de l'OCDE sur la confiance dans les institutions publiques mettent en lumière une corrélation positive claire : plus les citoyens estiment avoir leur mot à dire, plus ils ont confiance dans les pouvoirs publics de leur pays.

Ce constat revêt une importance cruciale pour les pays, dont les finances publiques sont placées face à de grands défis.

Principaux résultats

Faire participer les citoyens renforce le consensus autour des choix budgétaires : Impliquer les citoyens dans le redressement des finances publiques permet de susciter des exigences réalistes et contribue à une meilleure adéquation des réformes avec les attentes et les besoins des administrés, ce qui renforce leur légitimité institutionnelle et permet aux citoyens de se les approprier tout en atténuant le risque de réactions de rejet.

Au-delà des urnes : Face au déclin de la confiance et à l'intensification des tensions budgétaires, le simple fait de voter lors des élections ne suffit plus à garantir une implication suffisante des citoyens (OCDE, à paraître[59]). Les exécutifs et les parlements étudient désormais les moyens qui leur permettraient de faire une place plus grande à la participation citoyenne.

Des rôles distincts mais complémentaires : Les exécutifs et les parlements jouent des rôles différents au sein de cet écosystème. Les premiers peuvent associer les citoyens, par exemple dans le cadre de dialogues nationaux, pour bâtir un consensus et gérer les attentes avant la finalisation des budgets. Les parlements, eux, peuvent tirer parti de leurs commissions au-delà des auditions classiques en les utilisant activement pour recueillir des données de terrain à l'appui d'un contrôle parlementaire plus efficace et de meilleures solutions.

De la consultation à la délibération : Pour que leur participation soit efficace, les citoyens doivent être impliqués d'une manière qui dépasse les simples exercices symboliques focalisés sur l'écoute. Une véritable participation – où les citoyens sont informés, ont le temps de débattre des arbitrages à opérer et voient que leur contribution influe sur les décisions – permet de dégager des solutions stratégiques, de tester des réformes et de garantir la viabilité budgétaire.

4.1. Initiatives visant à impliquer les citoyens dans le processus budgétaire

L'implication des citoyens dans le processus budgétaire doit être replacée dans le contexte d'une évolution plus large de la manière dont la population envisage la participation à la vie publique.

Traditionnellement, celle-ci se limite à glisser un bulletin de vote dans une urne lors de scrutins organisés une fois tous les trois ou quatre ans. Cependant, ces deux dernières décennies ont vu évoluer la manière dont les citoyens participent à la vie publique (OCDE, 2022[60]). L'essor des réseaux sociaux et la démocratisation des plateformes de création de contenu a permis à chacun d'exprimer ses opinions et de se mobiliser sur les questions qui lui tiennent à cœur. La facilité d'accès à l'information alimente cette tendance, permettant aux administrés de se forger une opinion éclairée sur un large éventail de sujets, allant des initiatives communautaires locales aux décisions politiques nationales. Cette forme de participation va au-delà des canaux conventionnels que sont le vote et les consultations. La participation via les sondages en ligne et les échanges sur les réseaux sociaux constitue une nouvelle forme de dialogue public[1].

Les citoyens attendent de plus en plus des institutions publiques qu'elles soient à l'écoute, qu'elles réagissent et qu'elles rendent compte de la manière dont elles intègrent les contributions des citoyens. Cette évolution témoigne d'une prise de conscience plus profonde du fait que la participation renforce à la fois l'efficacité et la légitimité des décisions publiques (OCDE, 2025[61]).

Les efforts déployés par les pouvoirs publics pour associer les citoyens à l'élaboration du budget s'inscrivent dans ce mouvement plus large visant à ancrer une véritable participation citoyenne tout au long du cycle de l'action publique. Dans des domaines comme celui de la budgétisation, cela suppose de favoriser un dialogue bidirectionnel dans le cadre du processus budgétaire afin d'assurer la pertinence, la légitimité et la pérennité des décisions prises en la matière (OCDE, 2025[61]).

4.1.1. Comment les exécutifs associent-ils les citoyens à l'élaboration du budget ?

Certains exécutifs ont déjà mis en place des initiatives destinées à faire participer les citoyens au processus d'élaboration budgétaire. Ces initiatives sont souvent conçues pour les appuyer dans l'exercice du rôle qui est le leur, qui consiste notamment à proposer le budget et à mettre en œuvre les politiques publiques.

Les formes de participation citoyenne déployées par les exécutifs peuvent être classées en fonction des différents calendriers et finalités qui les caractérisent. Une approche courante consiste à mener un dialogue de *prébudgétisation*, qui vise généralement à remplir un objectif de « gestion des attentes ». Ces initiatives rassemblent les principaux partenaires sociaux et parties prenantes afin de parvenir à une vision commune des contraintes macroéconomiques et budgétaires *avant* que les exigences budgétaires officielles ne soient arrêtées. Dans d'autres cas, la participation prend une forme plus spécifique. Elle peut être employée pour trouver une voie socialement acceptable dans un domaine de réforme particulier et sensible, par exemple la politique concernant les retraites. Enfin, face à des enjeux structurels profonds, tels que les soins de santé ou de longue durée, les exécutifs peuvent mettre en place des processus approfondis et à long terme. Ces mesures sont susceptibles de s'inscrire entièrement en dehors du cycle budgétaire annuel, l'un des buts étant de dépolitiser une question et de forger un consensus durable en faveur de la réforme.

Les méthodes auxquelles recourent les pouvoirs publics pour impliquer les citoyens sont aussi variées que leurs objectifs. La recherche d'un consensus avant l'adoption du budget peut prendre la forme d'un dialogue national à haut niveau, comme celui déployé en Irlande. Cette approche permet d'ancrer les discussions des parties prenantes dans un ensemble consensuel de faits économiques. Pour tester la viabilité d'une nouvelle politique, on peut à l'inverse s'appuyer sur un processus délibératif, par exemple une convention citoyenne comme celle qui a été mise en place en France. Ces processus consistent à recueillir l'avis d'un échantillon représentatif de la population de façon à éclairer l'opinion publique. Pour ce qui est des problèmes structurels à long terme, les pouvoirs publics peuvent faire appel à des commissions indépendantes (comme les commissions royales au Royaume-Uni) ou à des organes consultatifs permanents (à l'instar des pays scandinaves). Ces options permettent d'allier les avis des experts, des parties prenantes et des citoyens.

Pour élaborer des initiatives de participation citoyenne, il est important de garder à l'esprit que mobiliser les parties prenantes et mobiliser les citoyens sont deux choses différentes. Les parties prenantes sont consultées sur les questions budgétaires liées aux intérêts spécifiques qu'elles représentent et apportent un point de vue particulier au débat. La participation d'échantillons représentatifs de la population va, elle, au-delà de la simple consultation. De telles approches, de par leur nature même, risquent de lier les mains des exécutifs et des parlements. Cela ne signifie pas pour autant qu'il ne faille pas encourager l'implication citoyenne. L'expérience en matière de participation citoyenne a plutôt montré qu'il est important de bien distinguer les différents types d'initiatives participatives et leurs finalités respectives.

4.1.2. Comment les parlements dialoguent-ils avec les parties prenantes et les citoyens au sujet du budget ?

Alors que les exécutifs se concentrent sur le fait de renforcer l'adhésion de la population aux mesures qu'ils développent, il en va autrement des parlements, dont le rôle consiste à contrôler l'action de l'exécutif.

En faisant participer efficacement les citoyens et les parties prenantes, les parlements renforcent leurs fonctions essentielles, à savoir le contrôle, la législation et la représentation. Cette démarche leur permet, non plus simplement de débattre des propositions de l'exécutif, mais de contribuer activement à les élaborer et à les remettre en question, en s'appuyant sur les contributions directes des citoyens et des experts.

Les pouvoirs officiels des parlements dans la procédure budgétaire varient considérablement d'un pays à l'autre. Parmi les pays de l'OCDE, trois parlements sur cinq disposent de pouvoirs étendus leur permettant de modifier le budget (Graphique 4.1). Certains peuvent apporter des modifications à l'affectation des enveloppes budgétaires, tandis que d'autres ont des pouvoirs essentiellement limités aux débats et à l'approbation des propositions de l'exécutif.

Graphique 4.1. Le rôle du parlement dans l'élaboration des budgets varie d'un pays à l'autre de l'OCDE

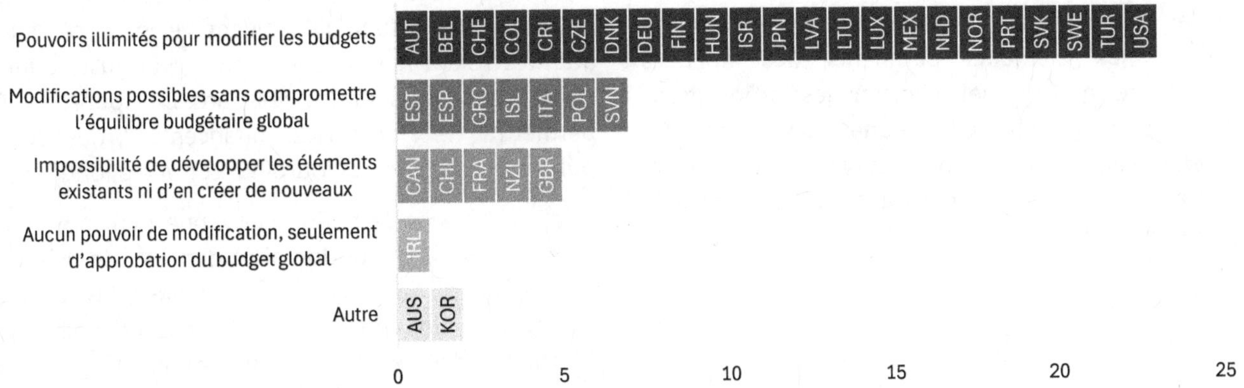

Source : Enquête de l'OCDE de 2025 sur le contrôle budgétaire parlementaire.

StatLink https://stat.link/chl4mi

Les différences de pouvoirs observées sont importantes. Un parlement doté d'un rôle officiel et prépondérant dans le processus budgétaire représente une plateforme naturelle et efficace pour la participation des citoyens et des parties prenantes. Ses recommandations ont un poids considérable. Cependant, même dans les systèmes où le pouvoir exécutif prédomine dans l'élaboration du budget (comme dans la plupart des systèmes de type Westminster), les parlements peuvent faire de la participation des citoyens et des parties prenantes un puissant levier d'influence, permettant de renforcer la fonction de contrôle là où celui-ci pourrait traditionnellement être défaillant. Un examen proactif, s'appuyant sur les contributions directes des citoyens et des experts, peut créer une pression politique et influencer la *conception* des politiques, même en l'absence de pouvoirs officiels de modification.

Un bon exemple est celui de la Chambre des communes **canadienne** et de son Comité permanent des finances. Ce comité organise chaque année des « consultations prébudgétaires ». Dans ce cadre, il se déplace dans tout le pays et sollicite également des contributions en ligne afin de recueillir les avis du grand public et des experts sur les priorités (House of Commons of Canada, 2024[62] ; Department of Finance Canada, 2025[63]). L'objectif étant, comme indiqué, de :

> *« ...recueillir les commentaires des Canadiens et des Canadiennes sur ce qu'ils considèrent comme des priorités, notamment pour ce qui est de rendre la vie plus abordable, de promouvoir la croissance économique dans l'ensemble du pays, d'assurer l'unité de l'économie canadienne et de réduire les dépenses courantes du gouvernement. »*

Ces consultations servent directement de base à un rapport remis au gouvernement préalablement à l'élaboration du budget. Cette méthode s'appuie sur l'idée qu'une bonne planification commence par l'écoute. Si le pouvoir exécutif conserve le pouvoir d'élaborer le budget, cela ne signifie pas pour autant que le parlement n'a aucun rôle à jouer dans son élaboration. En fixant le cap avec un rapport très médiatisé, l'exécutif se trouve soumis à une pression politique qui l'oblige à réagir et, éventuellement, à adapter son budget.

Cette approche proactive contraste avec un simple contrôle *ex post*. Elle permet au public de contribuer officiellement à l'élaboration initiale du budget, plutôt que de se contenter de réagir aux propositions finales.

On trouve un autre modèle en **Lituanie**, où la Commission du budget et des finances du *Seimas* (Parlement) suit une procédure en deux volets pour examiner le projet de loi de finances. Tout d'abord, elle organise des audiences publiques – diffusées en direct dans un souci de transparence – au cours desquelles les ministères, les ONG, les partenaires sociaux et le public peuvent faire valoir leur point de vue. Elle permet surtout aux citoyens de soumettre des commentaires ou des propositions par écrit avant et après les audiences. D'autre part, elle organise des consultations ciblées et approfondies avec des experts de la Banque de Lituanie, de son Institution nationale de contrôle des finances publiques et de son institution budgétaire indépendante, ainsi qu'avec des acteurs clés du secteur privé et de la sphère universitaire. Cette approche allie un large accès public à un examen technique approfondi.

Ces auditions se déroulent sous la forme d'un dialogue bidirectionnel : les représentants de l'exécutif ou la présidence de la commission commencent généralement par définir le cadre du débat en présentant les éléments pertinents des finances publiques, ce qui permet d'ancrer les propositions formulées dans une vision commune des contraintes à l'œuvre. À cela s'ajoutent des réunions distinctes et ciblées avec des experts techniques, qui examinent le projet de budget en détail.

4.2. Pourquoi il faut associer les citoyens aux efforts visant à restaurer les finances publiques

Si certains exécutifs et parlements trouvent des moyens constructifs d'associer les citoyens aux processus budgétaires, les tensions s'exerçant actuellement sur les finances publiques des pays impliquent qu'il faudra élargir et approfondir les efforts déployés pour mobiliser les citoyens. Le redressement des finances publiques exigera de mener à bien des réformes de grande ampleur, ce qui nécessitera, outre les solutions d'ordre technique à déployer, de veiller à ce que le public s'approprie ces réformes.

Si les pays de l'OCDE veulent placer leurs finances publiques sur une trajectoire plus viable, les exécutifs et les parlements doivent redoubler d'efforts pour accroître la participation citoyenne, et sensibiliser les citoyens à l'ampleur du défi. Ils doivent leur donner les moyens d'exprimer leurs préférences et d'obtenir de meilleurs résultats. Avant tout, ils doivent veiller à ce que les attentes soient réalistes, en trouvant un juste équilibre entre les besoins et les ressources disponibles. Cela permettra de garantir le financement des services publics et des aides, aujourd'hui comme à long terme.

Une véritable participation citoyenne peut renforcer la légitimité des choix budgétaires difficiles, de même que la confiance dans l'action publique. En outre, la participation des citoyens peut aider les pouvoirs publics à trouver des solutions pour restaurer les finances publiques, à tester différentes options, à gérer les attentes et à favoriser l'appropriation des choix effectués. Ces motivations ont un point commun : favoriser la compréhension des enjeux budgétaires et la recherche d'un consensus sur la nécessité de prendre des décisions difficiles.

4.2.1. Renforcer la légitimité

La légitimité est la valeur fondamentale qui sous-tend les grandes décisions stratégiques, et le fil conducteur de la participation citoyenne[2]. Comme le montrent les travaux de l'OCDE (2024[2] ; 2022[64]) sur la confiance dans les institutions publiques, la capacité des citoyens à faire entendre leur voix est étroitement liée à la confiance qu'ils accordent aux pouvoirs publics (Graphique 4.2).

Graphique 4.2. Le sentiment d'être écouté, synonyme d'une confiance accrue

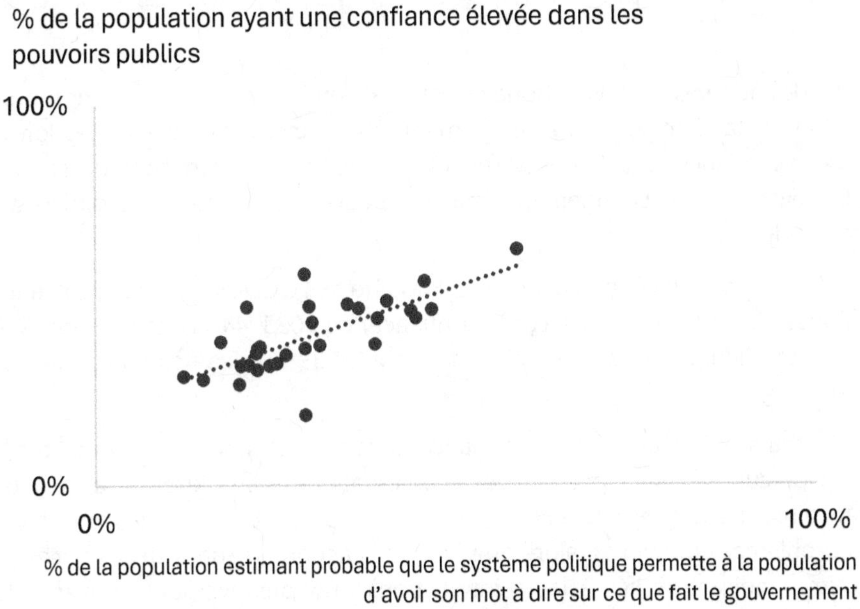

Note : Ce graphique présente le pourcentage de personnes interrogées a) ayant répondu « Probable » à la question : « Dans quelle mesure diriez-vous que le système politique de votre pays permet aux personnes comme vous d'avoir leur mot à dire dans l'action publique ? », et b) ayant répondu « Confiance élevée ou modérément élevée » à la question : « Sur une échelle de 0 à 10 (0 signifiant "Pas du tout" et 10 "Totalement"), dans quelle mesure faites-vous confiance à l'administration nationale ? » Le pourcentage de réponses « Probable » et « Confiance élevée ou modérément élevée » correspond au total des réponses comprises entre 6 et 10.
Source : Enquête de l'OCDE sur la confiance, 2023.

StatLink https://stat.link/8zh56k

S'assurer que la prise de décision soit axée sur les citoyens et fondée sur des données et des analyses constitue l'un des meilleurs moyens de renforcer la confiance eu égard aux problèmes complexes et à long terme (OCDE, 2024[2]). Des enquêtes récentes de l'OCDE montrent précisément pourquoi il est si important aujourd'hui de mettre l'accent sur la confiance (Encadré 4.1).

Pour renforcer efficacement leur légitimité, les initiatives de participation doivent être conçues avec soin (Encadré 4.2). Inclusives, transparentes, elles doivent fournir des informations claires sur la manière dont les contributions des citoyens ont influencé les décisions finales. Si les pouvoirs publics ne communiquent pas suffisamment sur la manière dont les contributions ont été utilisées, ces initiatives risquent fort de se retourner contre eux. De récents travaux de l'OCDE (2025[65]) soulignent en effet l'importance d'écouter et de comprendre les points de vue des citoyens.

Encadré 4.1. Restaurer les finances publiques dans un contexte marqué par une confiance en berne

La confiance à l'égard des administrations nationales est relativement faible dans de nombreux pays de l'OCDE. Cela peut constituer un obstacle majeur au redressement des finances publiques : dès lors que les institutions publiques jouissent de la confiance du public, les exécutifs peuvent en tirer parti pour passer des réformes difficiles sur le long terme. En revanche, des changements majeurs peuvent se révéler plus difficiles à mettre en œuvre lorsque la confiance fait défaut.

Parmi les 30 pays de l'OCDE couverts dans le cadre de l'Enquête de l'OCDE sur les déterminants de confiance dans les institutions publiques (Enquête de l'OCDE sur la confiance) de 2023, 44 % des personnes interrogées ont peu ou n'ont pas confiance dans leur administration nationale, contre 39 % qui affichent un niveau de confiance élevé ou modérément élevé.

L'un des principaux facteurs qui influent sur la confiance dans les institutions publiques est la manière dont les pouvoirs publics sont perçus dans leur gestion des problématiques complexes et à long terme. L'Enquête de l'OCDE sur la confiance montre que les citoyens sont de plus en plus sceptiques quant à la capacité des pouvoirs publics à gérer des problèmes complexes, alors que leur satisfaction à l'égard des services publics essentiels et leur perception d'autres indicateurs liés à leurs interactions quotidiennes sont souvent plus positives. Or, la perception qu'ont les citoyens de la compétence de la puissance publique sur ces questions épineuses pèse bien plus lourd dans leur confiance globale envers l'administration nationale que leurs interactions quotidiennes avec les institutions publiques.

Concilier les besoins des différentes générations constitue l'un des principaux enjeux de l'élaboration du budget. C'est le fondement de tout, qu'il s'agisse du financement des retraites et des soins de santé ou de la gestion de la dette publique. Cependant, l'Enquête de l'OCDE sur la confiance révèle que seulement 37 % des personnes interrogées estiment que leur administration nationale concilie de manière équitable les besoins des différentes générations. Ce scepticisme est un défi pour ceux qui cherchent à mettre en œuvre des réformes visant à placer les finances publiques sur une trajectoire plus durable. Lorsque les citoyens doutent de la capacité de la puissance publique à prendre des décisions à la fois justes et fondées sur des valeurs face à ces questions complexes, la confiance s'effrite.

Un autre enjeu de la confiance et de l'acceptabilité des réformes est la perception de la manière dont les pouvoirs publics communiquent avec les citoyens et, surtout, de la manière dont ils les écoutent. Deux personnes sur cinq estiment peu probable que les pouvoirs publics expliquent clairement en quoi une réforme majeure les concernerait. Cela contribue à affaiblir la légitimité et la crédibilité, ce qui risque de compromettre l'adhésion du public à des réformes difficiles mais nécessaires. Dans le même temps, l'importance de pouvoir faire entendre sa voix est évidente : ceux qui estiment que « des gens comme eux » ont leur mot à dire dans les décisions publiques affichent un niveau de confiance bien plus élevé envers l'administration nationale que ceux pour qui ce n'est pas le cas (69 % contre 22 %). Dans l'ensemble des pays de l'OCDE, seuls 30 % des administrés estiment que le système politique leur permet d'avoir leur mot à dire.

Pour susciter l'adhésion de l'opinion publique et la volonté politique nécessaires à la mise en œuvre de réformes garantissant la viabilité des finances publiques, les pays doivent remédier activement à l'érosion de la confiance. Cela implique d'associer les citoyens aux décisions publiques et d'expliquer clairement comment ces réformes ont été élaborées, comment elles concilient les besoins des citoyens d'aujourd'hui et ceux des générations futures, et en quoi elles affecteront la population aujourd'hui. C'est ainsi que les pouvoirs publics peuvent démontrer leur capacité à régler les problématiques à long terme et à gérer le budget de manière à concilier des intérêts contradictoires.

Source : (OCDE, 2024[2]).

Encadré 4.2. Concevoir des initiatives de participation citoyenne

La réussite des initiatives de participation citoyenne n'est pas le fruit du hasard, mais repose au contraire sur une réflexion bien menée. Les lignes directrices de l'OCDE relatives aux processus de participation citoyenne mettent en avant plusieurs principes fondamentaux :

- **Une définition claire de l'objectif et du résultat escompté :** Définir clairement, dès le départ, le problème à résoudre et ce que les citoyens attendent. Il faut un engagement public clair sur la manière dont les contributions des citoyens seront prises en compte et sur la façon dont les décideurs y répondront.
- **L'inclusion et l'accessibilité :** Le processus doit s'attacher à identifier et à réduire activement les obstacles à la participation. Cela permet à une diversité de voix – et pas seulement aux « habitués » – d'apporter leur contribution.
- **L'information :** Les participants doivent avoir accès à un large éventail d'informations précises, pertinentes et accessibles. Une participation de qualité repose sur des avis éclairés, non sur des opinions superficielles.
- **La transparence et la fiabilité :** Le processus doit être mené avec intégrité, selon des règles claires et sous contrôle, afin d'éviter la captation de l'action publique par des groupes d'intérêts particuliers. Tous les documents, données pertinentes et résultats doivent être rendus publics.

Source : (OCDE, 2022[60]).

4.2.2. Trouver des solutions

Les citoyens possèdent une connaissance du terrain qui fait souvent défaut aux décideurs publics. Leur implication peut permettre de mettre en lumière des dysfonctionnements, des lacunes dans la prestation des services et des solutions innovantes permettant une meilleure répartition des ressources. Ces contributions variées font office de radar, mettant en lumière des points de vue différents et cernant les angles morts que des préjugés implicites pourraient autrement masquer.

Au-delà des propositions d'action publique concrètes, les initiatives axées sur les solutions contribuent grandement à renforcer les compétences civiques. Par exemple, si la consultation islandaise sur l'efficience du secteur public a permis de réaliser des économies modestes, sa véritable valeur réside dans le fait d'avoir fait directement participer la population à l'examen des activités de l'État. Ancrer le débat public dans les arbitrages concrets à opérer permet de susciter un sentiment d'appropriation et contribue à obtenir l'adhésion des citoyens face à des décisions difficiles.

Encadré 4.3. Comment les démarches axées sur les solutions renforcent les compétences

De nombreuses initiatives de participation s'articulent autour de la recherche de solutions. Il peut s'agir d'impliquer les citoyens pour déterminer des mesures d'économies en période de restrictions budgétaires ou de leur demander de formuler des recommandations sur des questions sensibles en matière d'action publique. Leur intérêt principal réside toutefois souvent dans le fait de sensibiliser le public et de lui donner les moyens de s'approprier les questions de finances publiques.

- **Ce n'est pas tant la destination qui compte que le chemin :** Le simple fait d'impliquer les citoyens peut favoriser l'adhésion du public et améliorer la compréhension des réalités budgétaires. Par exemple, la consultation **islandaise** sur l'efficience du secteur public a rapidement suscité des milliers de propositions. Les économies directes ont été modestes (estimées à 0,7 % des dépenses annuelles totales). La véritable valeur de cette initiative résidait toutefois dans le fait d'associer directement les administrés dans le contrôle des activités de l'État, contribuant à générer un sentiment de compréhension et d'appropriation dans une période d'assainissement budgétaire. La ville de Zeist, aux **Pays-Bas**, a adopté une approche similaire en faisant appel à des « citoyens experts » pour réorganiser les dépenses et réaliser des économies.
- **L'importance de la pédagogie budgétaire :** L'expérience islandaise met en évidence un avantage majeur : même s'il est difficile de traduire les idées locales en véritables économies à l'échelle nationale, compte tenu de la complexité des grands postes budgétaires (comme la santé ou la défense), le processus de consultation en lui-même permet au public de mieux comprendre les finances publiques. Cette démarche permet d'ancrer le débat public dans les arbitrages concrets à opérer et de susciter l'adhésion autour de décisions difficiles. Ces avantages constituent souvent un résultat plus durable et plus précieux que les modestes économies réalisées. En **Catalogne**, une initiative similaire destinée à des groupes de jeunes, baptisée « Parlem de Pressupostos » (OCDE, 2025[66]), a permis à divers publics, notamment des enfants et des adolescents, de participer à des délibérations sur des priorités budgétaires complexes, telles que l'utilisation des fonds européens de cohésion. Grâce à des ateliers et des sessions sur mesure, les jeunes participants ont démontré qu'ils étaient capables d'aborder de manière constructive les arbitrages techniques liés au budget. Les évaluations réalisées à l'issue de ces sessions ont mis en évidence un fort sentiment d'appropriation de ces questions, montrant ainsi comment la participation directe aux décisions budgétaires peut considérablement renforcer l'éducation citoyenne et la confiance dans les institutions publiques.

4.2.3. Tâter le terrain

La participation citoyenne peut également servir à tester la viabilité de changements potentiellement sensibles en matière d'action publique. Avant d'engager des ressources politiques importantes, les pouvoirs publics peuvent recourir à des groupes de réflexion, à des assemblées citoyennes ou à des consultations ciblées pour évaluer l'opinion publique et anticiper les réactions négatives. Ainsi, les responsables politiques peuvent mieux calibrer des réformes difficiles et déployer une meilleure communication (OCDE, 2025[67]).

En faisant évoluer l'opinion publique d'une contrainte passive à un facteur actif dans l'élaboration des politiques, la participation permet de sortir de l'impasse politique (OCDE, 2020[68]). Des études menées dans l'Union européenne (Bunea et Nørbech, 2025[69]) et en Corée (Kim, Shim et Park, 2021[70]) montrent qu'un engagement transparent renforce le soutien et améliore la crédibilité des pouvoirs publics.

Une concertation structurée peut également contribuer à définir l'orientation budgétaire générale. Le budget participatif, à l'instar de l'enveloppe nationale dédiée aux projets proposés par les citoyens au Portugal (OCDE, 2017[71]), permet au public de jouer un rôle direct dans l'évaluation des compromis entre recettes fiscales et dépenses publiques.

4.2.4. Gérer les attentes

Les plans et les budgets nationaux traduisent une volonté profonde d'améliorer la société. Mais, bien souvent, si l'on tenait compte de toutes les demandes des principaux groupes d'intérêt et du public, le coût total de ces mesures serait bien supérieur aux impôts que les citoyens sont prêts à payer.

Les dialogues prébudgétaires rassemblent les parties prenantes afin de prendre la mesure de l'ampleur des demandes et de recueillir l'avis d'experts indépendants sur le contexte économique. Le fait de s'accorder sur les contraintes financières permet de se concentrer sur les priorités plutôt que sur des listes de souhaits irréalisables. Ce processus atténue l'impact budgétaire global et permet à la population de mieux comprendre les finances publiques au moment même où ces questions sont au centre de l'actualité.

4.2.5. Favoriser l'appropriation

Faire participer les citoyens peut contribuer à créer un sentiment d'appropriation collective, ce qui est essentiel lorsque des arbitrages difficiles sont inévitables, et revêt une importance cruciale pour les enjeux à long terme (OCDE, 2025[67]). Si les citoyens ont le sentiment que leurs préoccupations sont ignorées, l'action publique se heurte à une résistance. L'expérience internationale en matière de délibération représentative démontre que, lorsqu'ils sont bien mis en œuvre, ces processus permettent aux citoyens d'apporter des solutions auxquelles ils peuvent adhérer, aboutissant ainsi à des propositions équilibrées qui s'inscrivent dans une perspective à long terme (OCDE, 2025[15]).

Encadré 4.4. Citoyens, parties prenantes et véritable participation

Choisir qui associer et comprendre l'importance de cette participation

L'OCDE distingue les citoyens (personnes physiques agissant à titre individuel) des parties prenantes (groupes d'intérêt organisés, comme les entreprises, les syndicats, les associations ou les lobbys représentant des groupes d'intérêt). Les deux apportent une valeur ajoutée, tout en jouant des rôles différents dans le cycle de l'action publique. Des processus bien pensés doivent indiquer clairement qui est impliqué, pour quelles raisons, et quelles sont les attentes.

Une fois informés, les citoyens peuvent se montrer plus ouverts au compromis et aux arbitrages à l'échelle de la société, tandis que les parties prenantes ou les groupes d'intérêt peuvent légitimement défendre des intérêts plus restreints. Cette capacité à revoir sa position et, idéalement, à parvenir à un compromis constitue une différence fondamentale. Impliquer les citoyens ne se limite pas à consulter les parties prenantes. Il s'agit pour les exécutifs et les parlements d'identifier les domaines où un consensus est susceptible de se dégager et de rendre les arbitrages budgétaires difficiles plus acceptables sur le plan social.

Niveaux de participation

La participation couvre l'information (communication à sens unique), la consultation (échange bidirectionnel) et la participation (coopération tout au long du cycle de l'action publique). Une communication claire sur le niveau proposé et la manière dont il sera rendu compte de l'utilisation des contributions constituent des critères de qualité essentiels.

Principes de conception

L'efficacité de ces processus repose sur l'inclusivité, l'information, la transparence et la redevabilité, ainsi que sur les retours transmis sur la manière dont les contributions ont influencé les décisions. Allier une action initiale de participation aux activités terminales que sont l'action budgétaire, l'élaboration normative et la passation de marchés publics permet de veiller à ce que les citoyens puissent influer sur les décisions prises.

Source : (OCDE, 2022[60]).

4.3. S'appuyer sur les bonnes pratiques en matière de participation citoyenne

4.3.1. L'implication citoyenne par l'exécutif

Pour restaurer les finances publiques, une stratégie bien réfléchie doit se concentrer sur l'orientation budgétaire globale et les priorités en matière de répartition, et non pas uniquement sur des programmes budgétaires individuels.

Les exemples suivants montrent comment la participation citoyenne peut être mise à profit :

- **Recherche d'un consensus (avant l'établissement du budget) :** De nombreux exécutifs organisent des consultations *avant* la finalisation du budget. Cela permet de mettre d'accord les principales parties prenantes sur les priorités essentielles et sur les réalités budgétaires et économiques difficiles. **Le Dialogue économique national irlandais** en est un bon exemple (voir Encadré 4.5).

Encadré 4.5. Le Dialogue économique national (NED) irlandais

Créé en 2012, le NED est une instance majeure de consultation et de débat publics sur le budget annuel de l'Irlande. Bien qu'il soit piloté par l'exécutif, il offre une tribune à des points de vue variés avant la prise de décisions importantes. Il vise à favoriser un dialogue ouvert et inclusif entre les pouvoirs publics et les parties prenantes sur les priorités économiques et sociales concurrentes auxquelles le pays est confronté.

Le NED rassemble un large éventail de parties prenantes, notamment :

- des représentants d'associations professionnelles, de syndicats et d'organisations de la société civile ;
- des partenaires sociaux (représentants des employeurs et des salariés) ;
- des experts en politique économique et sociale ;
- des associations de défense de l'intérêt général ;
- des particuliers (par le biais de soumissions en ligne).

Ce forum se tient chaque année, généralement en juin, en amont de la présentation du budget national de l'année suivante, prévue en octobre. C'est une période cruciale où les débats sur le budget commencent à s'intensifier et où l'on risque de voir les attentes s'emballer quant à ce qu'il est possible de réaliser avec un seul budget.

Le NED commence généralement par une présentation du contexte économique et budgétaire. Les experts sont invités à présenter leurs perspectives générales en matière de macroéconomie et de finances publiques. Cela permet de favoriser une compréhension commune du contexte budgétaire qui sous-tend les décisions budgétaires de l'Irlande. Il s'agit en effet d'une occasion de mieux faire comprendre les finances publiques à un moment crucial du calendrier budgétaire.

La deuxième partie du forum annuel a pour objectif de favoriser un large débat sur le budget annuel lui-même. Tous les participants sont invités à y contribuer, notamment dans le cadre de sessions en sous-groupes organisées pour approfondir certains thèmes ou domaines d'action essentiels. Ces consultations contribuent à définir les priorités budgétaires de l'État. Cette approche permet de garantir que le budget reflète les besoins et les priorités de la société irlandaise, tout en favorisant une vision commune du contexte et en améliorant la compréhension générale du fonctionnement des finances publiques.

- **Évaluation de la faisabilité et collecte d'avis sur des mesures spécifiques :** Les exécutifs peuvent recourir à des consultations ou à d'autres méthodes pour estimer la réaction du grand public face à des réformes spécifiques, potentiellement sensibles. La **Convention citoyenne française sur le climat** (Convention Citoyenne pour le Climat, 2020[73]) constitue un bon exemple dans le contexte des questions budgétaires majeures. Elle a été mise en place à la demande expresse du Président de la République afin de trouver des solutions socialement acceptables pour relever les défis environnementaux, après l'échec des précédentes propositions de taxe carbone. Même si la législation qui s'en est suivi (Légifrance, 2021[74]) a finalement édulcoré certaines propositions, la Convention a néanmoins permis d'obtenir des résultats qui auraient pu se révéler bien plus difficiles à atteindre sans elle. Elle a servi de banc d'essai à grande échelle pour différentes options stratégiques, tout en permettant à l'exécutif de mieux cerner les préférences du public et les limites à ne pas franchir en matière de mesures climatiques. Les pouvoirs publics disposent ainsi d'un modèle utile pour faire face à d'autres problématiques budgétaires complexes à grande échelle. Il peut s'agir de recourir à des enquêtes ou à des consultations ciblées, et cela peut concerner des modifications des systèmes fiscaux, des subventions ou d'autres réformes majeures des services publics.
- **Parvenir à un consensus sur les réformes structurelles à long terme :** Certains pays adoptent des approches plus approfondies pour « gérer les attentes » et parvenir à un consensus durable. C'est essentiel pour les questions complexes et politiquement sensibles.

  Les commissions royales du **Royaume-Uni** en sont un excellent exemple. Leurs études indépendantes et approfondies portent sur des domaines tels que les grandes réformes des retraites ou les solutions en matière de soins de longue durée. L'exécutif les missionne pour recueillir des données exhaustives auprès des parties prenantes, des experts et du public sur une longue période. Elles permettent de dissocier la phase initiale de collecte de données probantes de toute considération politique. Cela permet de tester la faisabilité de changements profonds et de renforcer la légitimité des mesures publiques qui s'ensuivront, souvent difficiles à mettre en œuvre.

  Les **pays scandinaves** ont couramment recours à un modèle différent. Il s'agit de commissions consultatives *permanentes*. Ces instances sont généralement composées de représentants des partis politiques, du secteur privé, des syndicats et du milieu universitaire, et ont pour mission d'élaborer des stratégies à long terme dans des domaines tels que la fiscalité ou la santé. Leur rôle consiste en partie à institutionnaliser le compromis. Elles négocient au préalable les réformes majeures et engagent les principaux acteurs à respecter un résultat politiquement viable *avant* qu'une crise ne survienne. Cela permet d'éviter la vague de contestation qui fait souvent échouer les grandes réformes lorsqu'elles sont mises en œuvre de manière trop brutale.

  Un autre exemple éloquent de la manière dont on parvient à un consensus en vue d'un changement structurel à long terme est l'approche adoptée par le **Brésil** pour définir son Plan national pour le climat à l'horizon 2035 (OCDE, 2025[67]). L'exécutif a mis en place une vaste consultation en ligne intitulée *Brasil Participativo*. La plateforme permettait aux citoyens d'accéder à des informations, de soumettre des idées, de commenter les suggestions des autres et de voter pour les propositions qu'ils trouvaient les plus pertinentes. Les initiatives ayant recueilli le plus grand nombre de votes étaient ensuite examinées par l'exécutif et éventuellement intégrées au Plan climatique, contribuant ainsi à définir la politique climatique du Brésil à l'horizon 2035. Cette initiative a suscité un vif intérêt : 8 000 propositions et 1,5 million de votes.

En matière de participation citoyenne, c'est *avant* l'adoption officielle des budgets que les initiatives menées par l'exécutif sont le plus efficaces. Cette approche peut permettre d'identifier très tôt les obstacles potentiels à la mise en œuvre des politiques et de favoriser le consensus, ouvrant ainsi la voie à des politiques plus efficaces.

4.3.2. L'implication citoyenne par les parlements

La participation citoyenne par le biais des parlements recèle un immense potentiel (voir Graphique 4.3). Historiquement, elle a toutefois été sous-exploitée, et nécessite par conséquent une attitude volontariste de la part des parlements. Le défi consiste à passer d'auditions purement symboliques à une participation efficace, fondé sur des données et des éléments probants, qui étaye véritablement l'examen financier et les résultats de l'action publique.

Graphique 4.3. Les commissions peuvent faire davantage participer les citoyens

Initiatives des commissions du budget et des finances, en % des 38 pays de l'OCDE couverts par l'enquête

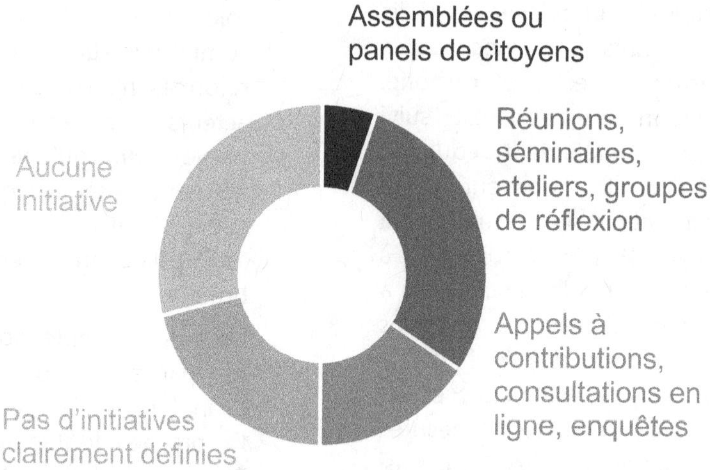

Note : Le graphique indique le pourcentage de pays de l'OCDE qui ont mis en place des initiatives utilisées par des commissions pour favoriser la participation citoyenne. Les calculs se fondent sur la « forme la plus importante de participation », classée par ordre d'importance comme suit : panels ou assemblées de citoyens ; réunions, séminaires, ateliers, groupes de réflexion ; appels à contributions, consultations en ligne ou enquêtes ; formes de participation non précisées ; et, enfin, une réponse explicite indiquant qu'il n'existe aucune forme de participation citoyenne. Bien sûr, ce classement ne signifie pas que certaines formes de participation sont systématiquement meilleures que d'autres : tout dépend de la qualité de la participation. Ce graphique met l'accent sur les initiatives des commissions du budget ou des finances, mais il existe d'autres commissions sectorielles qui peuvent faire participer les citoyens, souvent de manière innovante.
Source : Enquête de l'OCDE de 2025 sur le contrôle budgétaire parlementaire.

StatLink https://stat.link/8x7l6d

Le potentiel de participation des citoyens par le biais des parlements varie selon la manière dont les commissions sont organisées. Une distinction importante existe entre les commissions du budget ou des finances et les commissions sectorielles.

Commissions du budget ou des finances

Les commissions du budget et des finances ont traditionnellement pour mission d'examiner en détail le projet de budget global présenté par le gouvernement. Elles ont pour habitude de se pencher sur le cadre budgétaire général, la viabilité des finances publiques et les règles budgétaires. Cela permet au public d'avoir une vision d'ensemble de la situation budgétaire. Idéalement, les commissions du budget et des finances devraient mener ces travaux avant que le budget ne soit présenté au parlement. Cela leur permet ensuite de vérifier si le budget, une fois présenté, respecte les limites budgétaires convenues au préalable. Dans la pratique, les commissions du budget et des finances examinent le plus souvent les agrégats budgétaires *après* le dépôt du budget, même si certaines adoptent un rôle plus proactif.

Environ la moitié des pays de l'OCDE disposent de commissions du budget et des finances qui définissent des modalités permettant de faire participer les citoyens, d'une manière ou d'une autre, au processus budgétaire. Généralement, elles impliquent le grand public par le biais de consultations ou d'interactions directes (Graphique 4.3).

Dans la pratique, la participation de la population consiste habituellement à inviter des experts externes à prendre part aux auditions ou aux manifestations organisées par la commission du budget. Les commissions ont tendance à privilégier un dialogue structuré avec les acteurs organisés qui possèdent une expertise technique ou sectorielle. Il peut s'agir notamment d'universitaires et de chercheurs, de laboratoires d'idées, de représentants du monde des affaires et de l'industrie, de syndicats, ainsi que d'organisations de la société civile, à savoir des ONG ou des responsables locaux. Ces participants sont souvent invités parce qu'ils ont déjà fait des déclarations publiques concernant le budget ou ont transmis des observations écrites à la commission. Le fait de les inviter à une audition ou à un événement permet à la commission d'entendre leurs points de vue plus en détail.

Les auditions des commissions ou les événements de ce type sont généralement ouverts au public. Le plus souvent, ces interactions se passent en présentiel, même si les modes d'interaction hybrides se généralisent de plus en plus. Dans des pays comme le Canada et le Chili, les audiences sont retransmises à la télévision et accessibles en ligne, à l'inverse de l'Autriche où le public ne peut assister aux réunions que physiquement.

Il existe deux autres étapes courantes du processus budgétaire au cours desquelles les commissions font participer les citoyens. La première concerne la définition des priorités annuelles et la préparation du budget, où les échanges sont mis à profit pour réfléchir aux priorités. La seconde consiste à examiner minutieusement le budget une fois qu'il a été présenté au pouvoir législatif.

La manière dont les commissions du budget et des finances recueillent et exploitent les contributions des citoyens constitue un indicateur important d'une véritable participation. Par exemple, aux États-Unis, les contributeurs reçoivent des réponses personnalisées leur expliquant en quoi leur contribution a influencé les délibérations ou les décisions. Dans plusieurs autres parlements de l'OCDE, les commissions du budget et des finances tiennent compte des contributions du public dans leur processus décisionnel et en rendent compte dans un rapport officiel. D'autres parlements font preuve de transparence en publiant l'ensemble des contributions reçues, en fournissant des résumés de ces contributions, en rendant publics les procès-verbaux des réunions ou en combinant ces différentes approches.

Commissions sectorielles

Les commissions sectorielles recèlent un immense potentiel, dans la mesure où elles axent leur réflexion sur des domaines plus spécifiques, tels que la santé, l'éducation et les transports. Elles peuvent contribuer à trouver des solutions et à les tester en faisant le lien entre l'analyse de l'action publique et les réalités du terrain. De plus, elles peuvent aller au-delà des audiences officielles pour solliciter activement des témoignages auprès de citoyens issus de divers horizons, dans le but d'inclure des groupes souvent ignorés dans les processus traditionnels. Cette approche consiste à déterminer *ce dont* les décideurs politiques n'ont pas connaissance, par exemple si les programmes sont réellement efficaces ou non.

Les **pays scandinaves**, comme la Suède, disposent de commissions sectorielles étroitement intégrées au processus d'élaboration des politiques. Elles font régulièrement appel à un large éventail d'experts, d'universitaires et d'organisations de la société civile lors de l'examen du budget, ainsi que d'autres propositions législatives ayant des répercussions budgétaires directes. Cette forme de consultation plus approfondie, qui s'appuie sur l'avis d'experts, fait partie intégrante du processus d'examen et est essentielle pour « trouver des solutions » et garantir la solidité des politiques mises en place.

Le **Royaume-Uni** offre un autre exemple intéressant. La Commission des échanges et du commerce du Parlement britannique s'implique activement dans l'« économie réelle » en parcourant le pays. Cette approche « sur le terrain » consiste à rencontrer des entreprises de toutes tailles, des syndicats et des associations de consommateurs à travers tout le pays, que ce soit dans des campus universitaires, des centres-villes, etc. L'objectif est d'écouter directement les témoignages concernant les problématiques auxquelles sont confrontés les particuliers et les entreprises, ainsi que les opportunités ou les solutions qu'ils auraient en tête. La commission associe ces réunions en face à face à des enquêtes en ligne et à des appels à témoignages écrits sur des thèmes spécifiques liés à la croissance, comme la confiance des entreprises, la réglementation et les coûts. Cette collecte proactive d'informations influe directement sur les rapports et les recommandations des commissions à l'intention de l'exécutif. Elle permet de mieux cerner les réalités du monde des affaires et d'orienter l'action publique. De telles données peuvent considérablement améliorer la qualité du contrôle financier en l'ancrant dans la réalité du terrain, ce qui permet une allocation plus efficace des ressources.

Élargir la palette de participation des parlements

Le travail accompli par les parlements pour dialoguer avec le grand public lors des auditions officielles de leurs commissions peut servir de base pour élargir encore davantage la participation citoyenne.

Les principes de l'OCDE relatifs à l'idée de « parlement ouvert » encouragent les assemblées législatives à s'ouvrir et à améliorer leur transparence (OCDE, 2023[75] ; 2017[76]). Cela peut se faire par le biais d'initiatives permettant aux citoyens de faire entendre leur voix, comme les plateformes en ligne, les pétitions et les consultations.

Même si elles ne portent pas toujours spécifiquement sur le budget, ces initiatives plus larges créent un environnement dans lequel les débats budgétaires peuvent devenir plus accessibles et s'enrichir de points de vue diversifiés. Elles ne se limitent pas aux contributions provenant uniquement de parties prenantes comme les lobbys, les entreprises ou les syndicats.

Il est important que les parlements s'emploient à établir un lien direct avec leurs électeurs. Ils sont investis d'une mission unique et doivent s'efforcer activement de ne pas se couper de la réalité, en s'appuyant sur la participation citoyenne pour combler les éventuelles lacunes.

Il existe également des méthodes innovantes pour cerner les préférences des administrés. On peut citer à titre d'exemple le « sondage délibératif » et le « vote quadratique » (Encadré 4.6).

Encadré 4.6. Méthodes innovantes pour informer et évaluer les préférences

De nouvelles méthodes font leur apparition, qui peuvent aider les décideurs politiques à mieux cerner les préférences des citoyens et qui dépassent les concepts d'audiences et de consultations traditionnelles. Ces méthodes vont au-delà des opinions superficielles et s'efforcent de refléter un jugement public plus éclairé et plus réfléchi.

- **Processus délibératifs :** Au lieu de se fonder uniquement sur l'opinion publique brute, ces processus – comme les assemblées citoyennes, les jurys et les panels – font appel à un groupe de personnes sélectionnées au hasard et largement représentatives de la population. Les participants consacrent du temps à écouter des experts, à échanger avec leurs pairs et à élaborer des recommandations communes. L'OCDE (2020[68]) recense 12 modèles distincts de délibération utilisés à travers le monde pour traiter les questions complexes d'action publique. Un exemple marquant est celui du « sondage délibératif ». Cette approche permet d'évaluer des préférences éclairées, plutôt que superficielles (Fishkin, 2011[77]). En premier lieu, on interroge un échantillon représentatif de la population sur une question d'actualité. Chaque personne reçoit ensuite des documents d'information complets et a la possibilité de débattre du sujet avec les autres et avec des experts, à la suite de quoi on les interroge à nouveau. Les études montrent systématiquement que cette approche par étapes entraîne des changements notables dans les préférences (voir (Stanford University, s.d.[78])). Cela montre que les conclusions auxquelles parviennent les citoyens, une fois mieux informés, peuvent différer considérablement de leurs opinions initiales. Une conclusion essentielle est à tirer : il serait possible de rallier l'opinion publique à des décisions budgétaires difficiles mais nécessaires si l'on donnait aux citoyens une véritable occasion de comprendre les compromis en jeu. On peut également citer l'exemple des jurys de citoyens, au sein desquels de petits groupes délibèrent pendant plusieurs jours afin de formuler des recommandations précises.

- **Vote quadratique :** Cette méthode est conçue pour mesurer le degré des préférences (Cavaillé, Chen et Van der Straeten, 2024[79]). Cela oblige les participants à faire des compromis. Au lieu d'un simple vote par « oui » ou par « non », les participants disposent d'un budget de « crédits de voix ». Ils peuvent répartir ces crédits entre différentes questions. Mais le « coût » de chaque vote supplémentaire sur une question donnée augmente de telle sorte qu'il absorbe des quantités de crédits de plus en plus importantes. Ce calcul s'effectue selon une progression quadratique (1 vote = 1 crédit, 2 votes = 4 crédits, 3 votes = 9 crédits). Cette approche oblige les participants à déterminer ce qui leur tient vraiment à cœur. Elle reproduit les compromis inhérents à un budget dans la réalité et aide les décideurs politiques à faire la distinction entre les préférences populaires, qui n'ont pas de conséquences majeures, et les priorités défendues avec conviction par des minorités. Bien qu'elle ne soit pas encore très répandue dans l'élaboration des budgets nationaux, cette méthode a été utilisée par des organismes du secteur public, comme l'assemblée législative de l'État du **Colorado**, pour dégager les priorités et associer les préférences du public aux choix budgétaires.

Renforcer la légitimité et l'appropriation par la délibération

Les commissions parlementaires peuvent mettre en place ou organiser des processus délibératifs. Cela peut prendre la forme de panels ou d'assemblées de citoyens se consacrant à des questions budgétaires spécifiques ou à des enjeux politiques plus généraux ayant des implications budgétaires. Selon l'OCDE, ces processus font intervenir un groupe de personnes choisies au hasard, largement représentatif d'une population, qui passera un laps de temps conséquent à s'informer, à délibérer et à formuler des recommandations collectives à l'intention des décideurs politiques.

L'**Assemblée pour le climat du Royaume-Uni** a été mise en place à la demande de six commissions parlementaires spécialisées. Cela permet aux assemblées législatives de recevoir des recommandations éclairées de la part d'un groupe représentatif de citoyens sur des choix complexes (Climate Assembly UK, 2020[80]). Dans ce cas précis, il s'agissait des voies à suivre pour parvenir à la décarbonation. Cette démarche répond à plusieurs objectifs : elle fournit des informations précieuses (« Tâter le terrain »), renforce la légitimité des mesures parlementaires ultérieures (puisque les recommandations émanent d'un groupe de citoyens bien informés) et favorise la compréhension et l'appropriation (« Objectif pédagogique »), en particulier sur les questions à long terme où l'adhésion de la population est essentielle.

Calendrier et cadre

La participation parlementaire intervient souvent *après* le dépôt du projet de budget de l'exécutif et porte principalement sur son examen et son amendement. Cependant, comme le montre l'exemple canadien, une consultation proactive avant l'élaboration du budget est également possible et pourrait avoir une influence plus déterminante sur la forme initiale du budget. La *définition* de la participation dépend également du contexte ; il peut s'agir de rechercher des solutions concrètes, de comprendre des valeurs générales, ou encore de sensibiliser les citoyens aux contraintes existantes. Le présent chapitre se concentre toutefois sur la conception préalable au budget ; la Recommandation sur le gouvernement ouvert (OCDE, 2023[75]) encourage la participation tout au long du cycle de l'action publique, y compris dans le suivi et l'évaluation de l'exécution du budget.

Les pouvoirs publics peuvent considérer la question des mesures budgétaires comme un domaine particulièrement sensible. Elle peut sembler exposée à des risques politiques plus élevés. Les commissions parlementaires des finances font parfois preuve de la même prudence.

Cependant, bien concevoir la participation citoyenne au niveau des parlements présente des avantages considérables : un contrôle de meilleure qualité, de meilleures mesures, une légitimité renforcée et un lien démocratique plus fort. En retour, cela offre des leviers essentiels pour adapter les politiques en tenant compte d'un éventail plus large de contributions. Les débats budgétaires complexes peuvent dès lors s'éclaircir et devenir plus accessibles.

Encadré 4.7. Le modèle d'Almedalen – un forum national de dialogue

L'*Almedalsveckan* (semaine d'Almedalen) en Suède constitue un exemple de modèle de participation citoyenne. Cet événement annuel a vu le jour en 1968 à la suite d'un discours improvisé d'Olof Palme, alors ministre de l'Éducation. Depuis, il s'est transformé en un lieu de rencontre informel et démocratique. Il ne s'agit pas d'un événement organisé par les pouvoirs publics, mais d'une plateforme décentralisée gérée par la région de Gotland, dont le contenu est créé par les participants. C'est un lieu de rencontre informel où l'on discute de questions démocratiques.

Cet événement offre au grand public l'occasion de rencontrer des dirigeants de partis politiques, des ministres, des chefs d'entreprise, des responsables syndicaux, des universitaires et des représentants d'ONG. L'ambiance est détendue et donne le sentiment que tout le monde peut s'exprimer et se faire entendre.

- **Questions budgétaires :** Les principaux compromis économiques et budgétaires occupent une place centrale dans le débat. Cela permet aux pouvoirs publics et aux partis d'opposition de « tâter le terrain » eu égard aux propositions budgétaires.
- **Promotion d'une compréhension commune :** Le principal atout de l'événement réside dans la promotion d'un dialogue informel permettant à toutes les parties prenantes d'échanger. Cela permet de « gérer les attentes » à l'échelle nationale, en aidant les différents groupes à comprendre leurs positions et contraintes respectives.
- **Un modèle de dialogue :** Almedalsveckan offre un modèle efficace de plateforme permettant d'associer les citoyens. Cela montre comment un dialogue ouvert et informel peut devenir une tradition qui permet de forger une vision commune des enjeux nationaux – une tradition susceptible de renforcer le consensus autour de décisions budgétaires officielles, souvent difficiles à prendre.

4.4. Conclusion

La participation citoyenne recèle un immense potentiel. Les exécutifs et les parlements des pays de l'OCDE peuvent s'en servir comme d'un outil pour aller au-delà de la seule expression démocratique par les urnes et associer plus systématiquement et plus activement les citoyens aux décisions budgétaires.

Bien que les approches varient d'un pays à l'autre de l'OCDE, les motivations sous-jacentes sont souvent de même nature : trouver de meilleures solutions, tester des politiques, gérer les attentes.

C'est surtout la légitimité des décisions qui s'en trouve renforcée. Cette légitimité est essentielle pour les pays dont les finances publiques sont placées face à de grands défis, comme une dette publique élevée et des tensions budgétaires croissantes.

Les exécutifs et les parlements peuvent chacun contribuer à cet effort en apportant leurs propres atouts. La méthode généralement employée par les exécutifs consiste à dialoguer avec les citoyens afin de dégager un consensus autour des propositions et de gérer les attentes avant la présentation du budget. Les parlements, quant à eux, sont à même de mieux cerner les réalités du terrain. Ils peuvent contribuer à mettre à l'épreuve l'action publique et offrir aux citoyens de meilleurs moyens de se faire entendre quant aux difficultés et aux possibilités qu'ils perçoivent. Si cette démarche est menée de manière proactive, elle peut se révéler utile aussi bien avant qu'après la présentation des propositions budgétaires. Ces rôles sont complémentaires.

Les mesures visant à restaurer les finances publiques doivent être acceptables pour la population et faire l'objet d'un contrôle rigoureux. L'impératif est évident : pour assurer la viabilité budgétaire, il ne suffit pas de disposer d'une expertise technique ou d'un mandat électif. Il faut opérer un changement pérenne visant à sensibiliser le public et à obtenir une adhésion continue de la société à l'égard des décisions à prendre, qui sont difficiles, mais nécessaires.

Faire participer les citoyens n'est plus seulement une affaire de relations publiques. C'est devenu le fondement de décisions budgétaires judicieuses et un élément essentiel pour mettre en place des institutions publiques plus réactives, efficaces et performantes, capables de répondre aux besoins des citoyens.

Références

Bunea, A. et I. Nørbech (2025), « Does public participation foster stakeholder support for policy proposals? Evidence from the European Union », *Policy Studies Journal*, https://doi.org/10.1111/psj.70027. [12]

Cavaillé, C., D. Chen et K. Van der Straeten (2024), « Who cares? Measuring differences in preference intensity », *Political Science Research and Methods*, vol. 13/2, pp. 337-353, https://doi.org/10.1017/psrm.2024.27. [22]

Climate Assembly UK (2020), *The Path to Net Zero*, https://www.climateassembly.uk/report/ (consulté le 12 novembre 2025). [23]

Convention Citoyenne pour le Climat (2020), , République Française, Paris, https://propositions.conventioncitoyennepourleclimat.fr/le-rapport-final (consulté le 12 novembre 2025). [16]

Department of Finance Canada (2025), *Pre-Budget Consultations 2025*, https://www.canada.ca/en/department-finance/programs/consultations/2025/pre-budget-consultations-2025.html (consulté le 12 novembre 2025). [5]

Fishkin, J. (2011), *When the People Speak*, Oxford University Press, https://doi.org/10.1093/acprof:osobl/9780199604432.001.0001. [20]

House of Commons of Canada (2024), *Pre-Budget Consultations in Advance of the 2025 Budget*, Report of the Standing Committee on Finance, 44th Parliament, 1st Session, Ottawa, https://www.ourcommons.ca/DocumentViewer/en/44-1/FINA/report-21/. [4]

Kim, J., J. Shim et J. Park (2021), « Exploring the role of citizen participation in the policy acceptance process: the case of Korean nuclear facilities », *Journal of Asian Public Policy*, vol. 16/3, pp. 404-425, https://doi.org/10.1080/17516234.2021.1996868. [13]

Légifrance (2021), *Loi n° 2021-1104 du 22 août 2021 portant lutte contre le dérèglement climatique et renforcement de la résilience face à ses effets*, https://www.legifrance.gouv.fr/jorf/id/JORFTEXT000043956924 (consulté le 12 novembre 2025). [17]

OCDE (2025), *Getting the Public on Side : How to Make Reforms Acceptable by Design*, Éditions OCDE, Paris, https://doi.org/10.1787/262255fd-en. [8]

OCDE (2025), « Implementing citizen participation at all stages of the EU Cohesion Policy cycle », *Étude de cas*, https://www.oecd.org/en/publications/public-governance-case-studies_575651e4-en/implementing-citizen-participation-at-all-stages-of-the-eu-cohesion-policy-cycle_bf709900-en.html. [9]

OCDE (2025), *Open Government for the Green Transition : Panorama of Good Practices Towards Meaningful Citizen Participation*, OECD Public Governance Reviews, Éditions OCDE, Paris, https://doi.org/10.1787/bfa02935-en. [10]

OCDE (2025), *Panorama des administrations publiques 2025*, Éditions OCDE, Paris, https://doi.org/10.1787/758a7905-fr. [15]

OCDE (2025), *Participation citoyenne au cycle de l'action publique : Explorer de nouveaux horizons*, Examens de l'OCDE sur la gouvernance publique, Éditions OCDE, Paris, https://doi.org/10.1787/a697cb85-fr. [3]

OCDE (2024), *Enquête de l'OCDE sur les déterminants de la confiance dans les institutions publiques – résultats 2024 : Instaurer la confiance dans un contexte complexe*, Éditions OCDE, Paris, https://doi.org/10.1787/80ddd09b-fr. [6]

OCDE (2023), *Open Government for Stronger Democracies : A Global Assessment*, Éditions OCDE, Paris, https://doi.org/10.1787/5478db5b-en. [18]

OCDE (2022), *Instaurer la confiance pour renforcer la démocratie : Principales conclusions de l'enquête 2021 de l'OCDE sur les déterminants de la confiance dans les institutions publiques*, Éditions OCDE, Paris, https://doi.org/10.1787/f6a31728-fr. [7]

OCDE (2022), *OECD Guidelines for Citizen Participation Processes*, OECD Public Governance Reviews, Éditions OCDE, Paris, https://doi.org/10.1787/f765caf6-en. [2]

OCDE (2020), *Innovative Citizen Participation and New Democratic Institutions : Catching the Deliberative Wave*, Éditions OCDE, Paris, https://doi.org/10.1787/339306da-en. [11]

OCDE (2017), *OPSI Case Study Library: Portugal Participatory Budget*, https://oecd-opsi.org/innovations/portugal-participatory-budget/ (consulté le 4 mars 2026). [14]

OCDE (2017), « Recommandation du Conseil sur le Gouvernement Ouvert », *Instruments juridiques de l'OCDE*, OECD/LEGAL/0438, OCDE, Paris, https://legalinstruments.oecd.org/fr/instruments/OECD-LEGAL-0438. [19]

OCDE (à paraître), *Enquête 2026 de l'OCDE sur la confiance*, Éditions OCDE, Paris. [1]

Stanford University (s.d.), *What is Deliberative Polling?*, Stanford University, https://deliberation.stanford.edu/what-deliberative-pollingr (consulté le 13 octobre 2025). [21]

Notes

[1] Il convient de noter que le cadre officiel de l'OCDE, à savoir la Recommandation sur le gouvernement ouvert, définit une échelle de « participation des parties prenantes » (OCDE, 2023[75]). Ce terme générique englobe l'information, la consultation et la participation. Il définit la « participation » comme le plus haut niveau d'implication (« collaborer à toutes les étapes »). Dans le présent chapitre, le terme « participation » est utilisé pour désigner l'ensemble des aspects liés à la participation des citoyens dans le cadre du processus budgétaire. On peut se représenter le concept comme un continuum qui part de l'information (communication à sens unique) en passant par la consultation (échange bidirectionnel) pour aller jusqu'à la participation (coopération active).

[2] On peut considérer l'objectif de légitimité comme l'un des « avantages intrinsèques » de la participation (OCDE, 2017[76]), en d'autres termes, les valeurs intrinsèques qui découlent de la participation des citoyens au processus démocratique. Cela concerne leur sentiment d'influence politique, leur sens des responsabilités collectives et leur confiance dans les pouvoirs publics. Parmi les avantages intrinsèques, on peut également citer une prise de conscience politique plus forte et le renforcement des valeurs démocratiques, ainsi qu'une légitimité accrue des processus qui sous-tendent les décisions démocratiques. Les autres façons dont la participation des citoyens peut contribuer à améliorer les résultats concernent l'obtention de meilleurs résultats. Ces « avantages instrumentaux » renvoient à l'idée que l'implication de la population peut améliorer la qualité de l'action publique, des lois et des services, dans la mesure où ceux-ci sont élaborés, mis en œuvre et évalués à partir de données plus solides et de choix plus éclairés. Ils pourraient également bénéficier des idées novatrices des citoyens et se révéler plus rentables.

5 Créer des champions de la viabilité budgétaire

Ce chapitre étudie en quoi les institutions indépendantes peuvent contribuer à renforcer la volonté politique de restaurer la viabilité des finances publiques. Dans ce contexte, les institutions budgétaires indépendantes et les institutions supérieures de contrôle des finances publiques doivent s'investir davantage dans un rôle d'« éclaireur budgétaire » s'exprimant plus vigoureusement sur la nécessité que les pouvoirs publics agissent face aux grands enjeux stratégiques, notamment pour placer les finances publiques sur une trajectoire plus soutenable.

Infographie 5.1. Créer des champions de la viabilité budgétaire

Des champions de la viabilité budgétaire

Dans le contexte actuel, les voix indépendantes sont vitales.

Les institutions indépendantes jouissent d'un grand crédit. Elles doivent **articuler leur indépendance et leur crédibilité d'analyse** avec **une communication claire et intelligible** pour mieux prôner la viabilité budgétaire à long terme et alerter sur les coûts induits par l'inaction.

La multiplication des institutions budgétaires indépendantes

Les pays de l'OCDE font de plus en plus appel à des institutions indépendantes pour mieux faire connaître les enjeux budgétaires à long terme.

Avancée majeure de l'action budgétaire moderne, la création de ces institutions a permis de renforcer le contrôle et la transparence des finances publiques en établissant des vigies nationales jouant un rôle reconnu sur le terrain budgétaire.

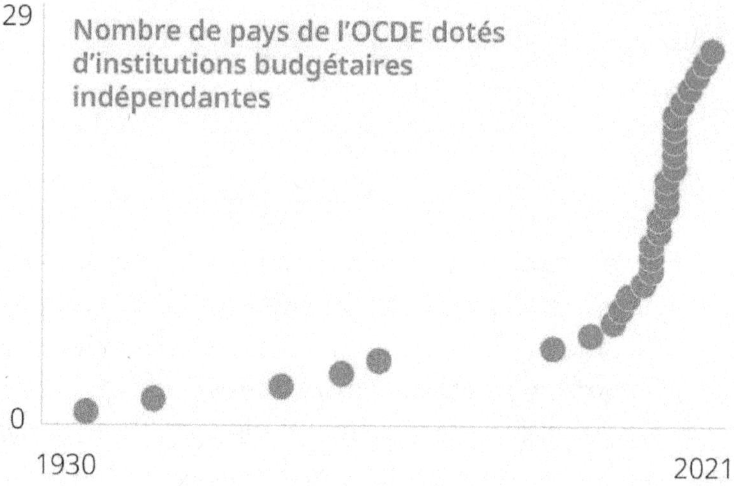

- Grande indépendance
- Analyses ciblées
- Fort impact sur l'opinion publique

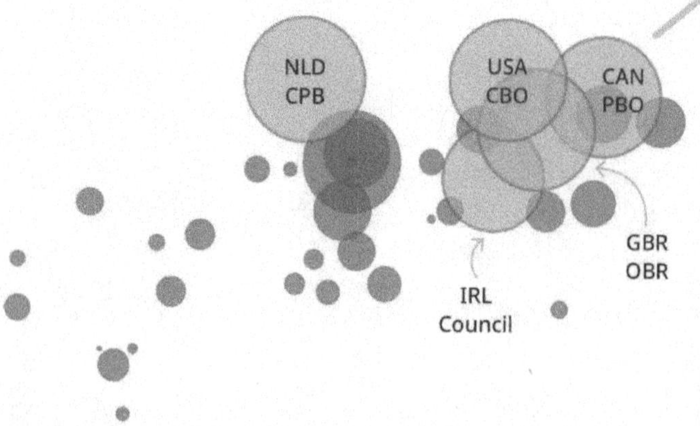

Nombre d'entre elles montrent l'exemple

Certaines de ces institutions des pays de l'OCDE ont ancré leur indépendance, en axant leurs travaux sur les grands enjeux budgétaires tout en faisant mieux porter leur voix auprès du public. Ce faisant, elles ont créé les conditions nécessaires pour devenir des éclaireurs des finances publiques.

Notes :

- NLD CPB : Bureau central de planification des Pays-Bas
- USA CBO : Office budgétaire du Congrès des États-Unis
- CAN PBO : Bureau du directeur parlementaire du budget du Canada
- GBR OBR : Conseil consultatif budgétaire indépendant du Royaume-Uni
- IRL Council : Conseil consultatif budgétaire irlandais

Principaux résultats

L'émergence d'éclaireurs budgétaires : les institutions budgétaires indépendantes (IBI) se sont multipliées dans les pays de l'OCDE, ce qui a contribué à renforcer la surveillance, la transparence et la compréhension des tensions s'exerçant à long terme sur les finances publiques. Sous l'effet de la hausse de la dette publique et de l'aggravation des risques budgétaires, de nombreuses IBI sont allées au-delà de la surveillance du respect des règles et ont commencé à prendre la parole plus ouvertement afin d'expliquer les arbitrages à opérer et de soutenir la viabilité budgétaire à long terme.

Une évolution nécessaire : l'évolution des IBI d'un rôle technique de gardien des finances publiques à un rôle d'éclaireur budgétaire contribue à susciter une volonté politique en faveur de décisions et de réformes propices à la viabilité des finances publiques à long terme. Les IBI sont idéalement placées pour assurer un rôle de champion de la viabilité budgétaire mettant en exergue les grands arbitrages stratégiques à opérer. Les institutions supérieures de contrôle des finances publiques tiennent également une place essentielle. Ensemble, ces institutions forment un système distinct et complémentaire de surveillance financière qui promeut la transparence et la viabilité des finances publiques tout en renforçant la confiance dans l'action publique.

Les trois piliers du rôle d'éclaireur budgétaire : pour être efficaces dans ce rôle, les institutions doivent tendre vers trois caractéristiques : une vision forte axée sur les principaux enjeux à long terme ; une voix indépendante qui s'adresse au public dans un langage simple ; et la capacité à ouvrir la voie à des mesures concrètes grâce à une analyse de scénarios constructive.

L'indice de promotion budgétaire de l'OCDE : l'évaluation des efforts de promotion budgétaire est un exercice complexe qui fait intervenir des éléments tant internes (ressources, indépendance) qu'externes (paysage médiatique). D'après l'indice de promotion budgétaire de l'OCDE, plusieurs institutions produisent d'ores et déjà un réel impact grâce à la robustesse de leur communication et de leurs analyses, mais beaucoup disposent encore d'une marge de manœuvre importante pour renforcer leur influence sur le débat national.

5.1. L'émergence d'éclaireurs budgétaires

Les pays de l'OCDE se tournent de plus en plus vers des institutions indépendantes pour mieux faire connaître les enjeux budgétaires à long terme. En 2021, 29 pays de l'OCDE étaient dotés d'institutions budgétaires indépendantes (IBI). Leur création constitue l'une des plus importantes avancées des pratiques budgétaires modernes. Leur nombre croissant a permis de renforcer la surveillance budgétaire, d'améliorer la transparence et d'instaurer dans les pays une voix sur les finances publiques qui emporte la confiance (Graphique 5.1).

Graphique 5.1. Les institutions budgétaires indépendantes se sont multipliées ces 15 dernières années

Nombre de pays de l'OCDE disposant d'IBI, par année de création

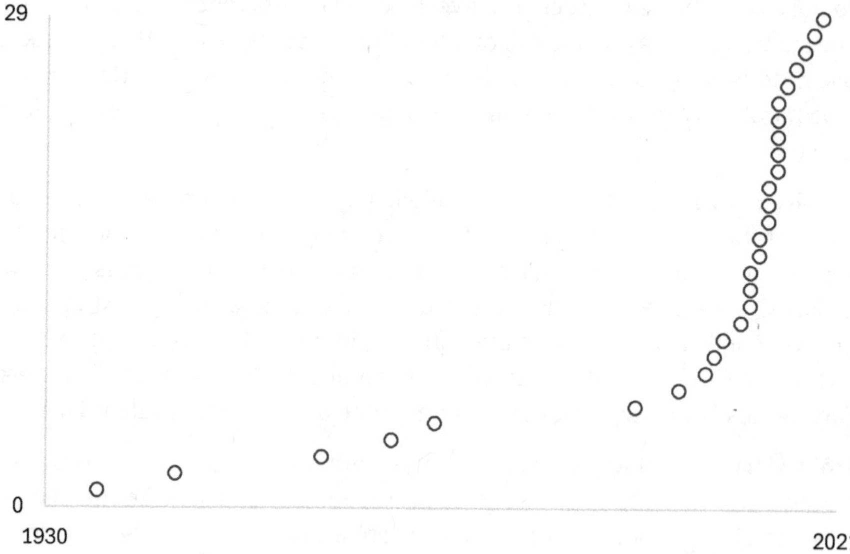

Source : mandats des IBI et base de données de l'OCDE sur les institutions budgétaires indépendantes, 2021.

StatLink https://stat.link/1ut63p

Jusqu'alors, le rôle des IBI était principalement axé sur la supervision budgétaire et le contrôle du respect des règles applicables. À la fin des années 2000, de nombreux pays ont fait face à de graves récessions qui ont entraîné un creusement des déficits, une baisse de la solvabilité, et la nécessité d'imposer des mesures d'austérité douloureuses à un moment peu confortable du cycle conjoncturel. La crise a livré de nombreux enseignements, dont l'intérêt de disposer d'instances capables d'exercer une surveillance plus indépendante, de mieux appréhender les risques qui pèsent sur les finances publiques et de communiquer efficacement sur ce point.

Toutefois, le contexte budgétaire dans lequel les IBI évoluent a connu de profonds bouleversements tandis que la viabilité des finances publiques était remise en question dans plusieurs pays de l'OCDE. En réaction, de nombreuses IBI ont endossé un rôle allant au-delà de celui du strict contrôle de l'application des règles. Plusieurs d'entre elles produisent désormais des analyses de la viabilité à long terme, identifient les risques qui pèsent sur les finances publiques et communiquent sur les arbitrages politiques en la matière. Leur travail a contribué à l'instauration d'un débat public éclairé sur les tensions budgétaires majeures auxquelles font face les pays, comme le vieillissement démographique, le coût de la santé, la hausse des dépenses de défense ou encore le coût des phénomènes météorologiques extrêmes.

Cette évolution traduit un besoin croissant de réflexion à plus long terme, à un moment où la dette publique atteint des niveaux records et où les incitations politiques à court terme peuvent nuire à la viabilité des finances publiques.

Les IBI de plusieurs pays ont également pris conscience de la nécessité d'occuper une place plus importante dans le débat public. Elles s'adressent plus directement aux citoyens pour exposer les conséquences budgétaires des différents choix de politique publique et les effets qui résulteraient de l'inaction. Cette évolution contribue à susciter une volonté politique en faveur de décisions et de réformes appuyant la viabilité des finances publiques à long terme.

En résumé, les IBI sont en train d'évoluer d'un rôle de gardien du budget vers un rôle plus actif d'éclaireur des finances publiques.

5.1.1. Qu'est-ce qu'un éclaireur budgétaire ?

> *« Les éclaireurs budgétaires sont des instances indépendantes qui concentrent leurs efforts sur la viabilité budgétaire à long terme. Ils mettent en garde contre les risques naissants, expliquent les principaux arbitrages et démontrent la façon dont certaines décisions à court terme peuvent nuire à la stabilité future. »*

Le concept de promotion budgétaire revêt deux dimensions. La première consiste à promouvoir une planification plus réfléchie et plus réaliste. Grâce aux scénarios constructifs qu'ils élaborent, les éclaireurs budgétaires peuvent aider les pouvoirs publics à répondre à des enjeux majeurs pour les finances publiques. Cette dimension implique également de bien faire comprendre au public les conséquences budgétaires et économiques de certains choix de politique publique. Ces choix peuvent tenir à des motivations générales de politique publique qui s'imposent d'elles-mêmes et ne souffrent pas de contestation, comme réaliser des objectifs budgétaires supérieurs plutôt que de s'en tenir au statu quo. À cette fin, il importe de communiquer activement sur les enjeux de sorte qu'ils puissent être compris par un large éventail de parties prenantes.

La seconde tient au fait que la promotion budgétaire s'ancre dans le soutien à la viabilité budgétaire au sens large. Lorsqu'elles endossent ce rôle d'éclaireur budgétaire, les institutions peuvent en effet contribuer à insuffler une volonté politique tournée vers l'action et visant à placer les finances publiques sur une trajectoire plus durable à long terme.

Les IBI sont des éclaireurs budgétaires par nature, mais les institutions supérieures de contrôle jouent également un rôle essentiel (voir Encadré 5.1). Alors que les IBI produisent des analyses des finances publiques à visée prospective, les institutions supérieures de contrôle assurent un rôle de surveillance primordial une fois le fait accompli. Ensemble, ces instances forment un système distinct et complémentaire de surveillance financière qui promeut la transparence et la viabilité des finances publiques tout en renforçant la confiance dans l'action publique.

Encadré 5.1. Le rôle complémentaire des institutions supérieures de contrôle des finances publiques

Les institutions supérieures de contrôle des finances publiques ont pour fonction première de donner effet à l'obligation de rendre des comptes à laquelle sont assujettis les pouvoirs publics. Pour ce faire, elles réalisent des audits rigoureux de la performance et de la situation financière. Toutefois, la confiance qui leur est portée les investit d'une responsabilité unique, qui est d'améliorer la compréhension des finances publiques par la population. Au-delà des rapports techniques qu'elles publient, elles sont bien placées pour aider les citoyens à comprendre la situation budgétaire du pays, ce qui inclut les objectifs budgétaires ainsi que les risques et les incertitudes qui entourent les finances publiques. Mais, surtout, elles font la lumière sur les résultats budgétaires et sur le rapport coût/bénéfices des mesures, et permettent ainsi au public de bien comprendre non seulement ce qui était attendu, mais également ce qui s'est réellement produit.

Appui à la promotion budgétaire

Nombre d'institutions supérieures de contrôle voient leur rôle évoluer et communiquent de plus en plus activement. Pour diffuser leurs analyses, elles font un usage volontariste des médias sociaux, des infographies et des outils numériques. Les explications qu'elles fournissent sur des questions financières complexes favorisent un débat public éclairé. Elles constituent ainsi un complément puissant aux efforts de promotion des IBI et contribuent à susciter, du côté du public et des dirigeants, la volonté nécessaire pour prendre les mesures requises au vu des enjeux budgétaires.

5.2. Les ressorts de l'évolution des institutions indépendantes

Le contexte actuel des finances publiques renforce la nécessité, pour les institutions indépendantes que sont les conseils budgétaires, les offices parlementaires du budget et les institutions supérieures de contrôle, d'évoluer. Les enjeux budgétaires requièrent une analyse prospective qui décortique les choix et guide les débats. La conception traditionnelle du rôle de gardien du budget chargé de contrôler la bonne application des règles budgétaires ne suffit plus à garantir la mise en œuvre efficace de réformes durables.

Ces institutions peuvent jouer un rôle central en suscitant une volonté politique tournée vers l'action. En mettant en évidence les coûts des politiques en vigueur et en explicitant les risques et les conséquences de l'immobilisme, elles peuvent aider les décideurs publics et les citoyens à prendre conscience de l'importance d'agir le moment venu. Cela nécessite une analyse constructive qui souligne les principaux arbitrages et présente une trajectoire claire.

Pour réussir cette transition, nombre de ces institutions devront renforcer leur voix, approfondir leur travail d'analyse sur les enjeux à long terme et communiquer plus activement en direction du public. La tâche peut paraître difficile, mais les obstacles structurels qui se dressent sur leur route sont limités.

En effet, le rôle des IBI et des institutions supérieures de contrôle en tant qu'instances indépendantes axées sur les finances publiques en font des candidates naturelles pour attirer l'attention sur la façon dont les finances publiques doivent évoluer afin de répondre durablement aux enjeux actuels.

5.2.1. *L'étape suivante de leur évolution*

Au vu des évolutions intervenues à ce jour, les IBI et les institutions supérieures de contrôle peuvent encore étoffer leurs missions traditionnelles. Elles peuvent mettre à profit leur indépendance et leurs prérogatives implicites liées aux objectifs de viabilité budgétaire et de transparence, et étoffer leurs stratégies de communication existantes. Ces institutions peuvent évoluer vers un rôle plus prépondérant.

Les institutions n'ont pas progressé de la même manière d'un pays de l'OCDE à l'autre, et beaucoup ont encore des progrès à accomplir. Elles doivent pour cela s'inspirer des bonnes pratiques de leurs pairs. Elles peuvent par exemple se départir de leur rôle relativement étroit de « gardien », principalement axé sur la discipline budgétaire, et s'attacher à montrer la voie à suivre pour répondre aux grands enjeux budgétaires.

Ce changement d'orientation leur conférerait la marge d'action dont elles ont besoin pour promouvoir une évolution culturelle plus large en matière de finances publiques, mettre en exergue les enjeux de viabilité budgétaire et communiquer clairement sur les tenants et les aboutissants de l'action ou de l'inaction de l'État.

À cette fin, il conviendrait qu'elles produisent des analyses plus ciblées, modifient leurs pratiques de modélisation, anticipent les principaux enjeux budgétaires et ouvrent de nouvelles pistes sur la base d'analyses de scénarios. Surtout, cela implique d'occuper le devant de la scène et de communiquer très concrètement avec le public, un pas que peu d'institutions ont franchi à ce jour.

La promotion budgétaire est dans leur nature

Si l'on s'intéresse plus particulièrement aux IBI, malgré des mandats très variables, ce rôle d'éclaireur budgétaire volontariste et tourné vers l'avenir s'inscrit sans aucun doute dans leur mission première. Cela ressort notamment des analyses qui ont décrit l'« explosion cambrienne » qu'ont traversée les IBI dans les années 2010, dans le sillage de la crise financière. Malgré des cadres institutionnels disparates, les IBI partagent toutes un objectif commun.

Ces instances ont en effet été envisagées pour remplir plusieurs fonctions parmi lesquelles, principalement : 1) évaluer la viabilité à long terme des finances publiques ; 2) chiffrer le coût des mesures budgétaires ; et 3) informer le public sur les perspectives pour les finances publiques. Comme le montrent les extraits ci-dessous issus de documents de travail, lors de leur genèse, les IBI étaient présentées comme des institutions indépendantes, clairvoyantes et directes (Tableau 5.1).

Tableau 5.1. La promotion budgétaire est au cœur de la mission des IBI telles qu'elles étaient envisagées au départ

« ... leur influence sur la conduite budgétaire découle de leur capacité à « brider » les gouvernants tentés de s'écarter des choix optimaux pour la société ».	(Debrun et Kumar, 2007[1])
« L'examen par le conseil budgétaire des conséquences budgétaires à long terme de certaines dépenses et mesures fiscales peut également contribuer à accroître la transparence de décisions budgétaires particulièrement sensibles aux évolutions démographiques. »	(Hagemann, 2010[2])
« ...une institution budgétaire indépendante réalise un chiffrage et des prévisions en temps réel pour déterminer les conséquences macro-budgétaires de la loi de finances, à court et à moyen terme mais également à un horizon plus lointain. Par essence, sa principale raison d'être est de garantir la discipline budgétaire et la transparence des finances publiques au cours du processus d'élaboration des politiques, ce qui contribue par ricochet à la crédibilité du gouvernement. »	
« ...alors que l'institution de contrôle des finances publiques s'acquitte d'une mission indispensable qui intervient a posteriori, l'institution budgétaire indépendante est investie d'une mission de diagnostic orientée vers l'avenir. »	(Kopits, 2011[3])
« L'une des grandes questions qui revient immanquablement lors des discussions portant sur les institutions budgétaires indépendantes est celle de leur efficacité à promouvoir la transparence des finances publiques. »	
« Si l'on considère que le principal problème est l'optimisme excessif dont font montre les gouvernements dans leurs projections budgétaires, il suffit alors de déléguer ces prévisions au conseil budgétaire. Si, au contraire, l'on considère que le principal problème est un problème d'information entraînant une compréhension insuffisante par le gouvernement de la contrainte budgétaire intertemporelle, à savoir des conséquences futures des déficits actuels, la production de calculs sur la viabilité budgétaire mettant en exergue ces conséquences pourrait atténuer ce biais. »	(Calmfors et Wren-Lewis, 2011[4])
« L'analyse budgétaire à long terme pourrait également former l'une des missions centrales du gardien des finances publiques étant donné que la prise en compte insuffisante des conséquences futures est la cause première du biais en faveur du déficit. »	

La promotion budgétaire relève de leurs compétences

Il est manifeste que le rôle d'éclaireur budgétaire est inhérent à l'existence des IBI. Il pourrait toutefois être opposé à cette affirmation qu'aucune prérogative spécifique ne les autorise à remplir cette fonction.

Dans les pays de l'OCDE, le mandat des IBI soit a) les charge spécifiquement de s'intéresser à ces questions, soit b) les laisse libres de décider si elles doivent s'en saisir. De fait, il n'y a que dans cinq pays de l'OCDE dotés d'IBI que ces dernières ne s'acquittent pas de certaines des tâches associées au rôle d'éclaireur budgétaire, à savoir la production d'analyses de viabilité à long terme et de rapports sur les risques budgétaires, et le chiffrage du coût des promesses électorales (Tableau 5.2). Pour quatre de ces pays, les IBI s'autorisent à interpréter leurs prérogatives dans un sens leur permettant de se consacrer à ces questions. Enfin, sur ces cinq pays, un seul est doté d'une IBI dont il semble que la faculté de mener ce type d'analyses lui soit refusée.

Tableau 5.2. Les tâches relevant du rôle d'éclaireur budgétaire entrent dans les prérogatives des IBI

Faculté de publier des analyses sur la viabilité des finances publiques à long terme, les risques budgétaires et le chiffrage des programmes électoraux

IBI s'acquittant déjà de certaines de ces tâches	IBI dont les prérogatives leur permettraient de s'en acquitter par la suite	IBI auxquelles cette faculté est refusée
Australie	Allemagne	France
Autriche	Estonie	
Belgique	Hongrie	
Canada	Mexique	
Chili		
Corée		
Danemark		
Espagne		
États-Unis		
Finlande		
Grèce		
Irlande		
Italie		
Lettonie		
Lituanie		
Luxembourg		
Pays-Bas		
Portugal		
République slovaque		
Royaume-Uni		
Slovénie		
Suède		
Tchéquie		

Note : voir le tableau détaillé dans l'annexe en ligne intitulée « L'indice de promotion budgétaire ».
Source : mandats des IBI et édition 2021 de la base de données de l'OCDE sur les IBI.

Les pays de l'OCDE ont généralement au moins une IBI qui s'acquitte de certaines des tâches relevant du rôle d'éclaireur budgétaire. Si l'on s'intéresse plus en détail aux types d'activités menées par les IBI, force est de constater qu'elles ont évolué dans de nombreux pays pour aller au-delà de la surveillance du respect des règles budgétaires (Graphique 5.2).

Il n'en demeure pas moins une importante marge de progression. Par exemple, il n'y a que dans quatre pays que l'IBI effectue à la fois un chiffrage du coût des programmes électoraux et une analyse de la viabilité à long terme. En outre, seuls quelques pays sont dotés d'une IBI qui produit des rapports spécifiquement consacrés aux risques budgétaires. Il faut en déduire que, bien que de nombreuses IBI aient mis en place des processus de travail mettant l'accent sur les grands enjeux budgétaires, il reste d'importants efforts à mener.

Graphique 5.2. Les IBI contribuent à remplir certaines des fonctions d'un éclaireur budgétaire

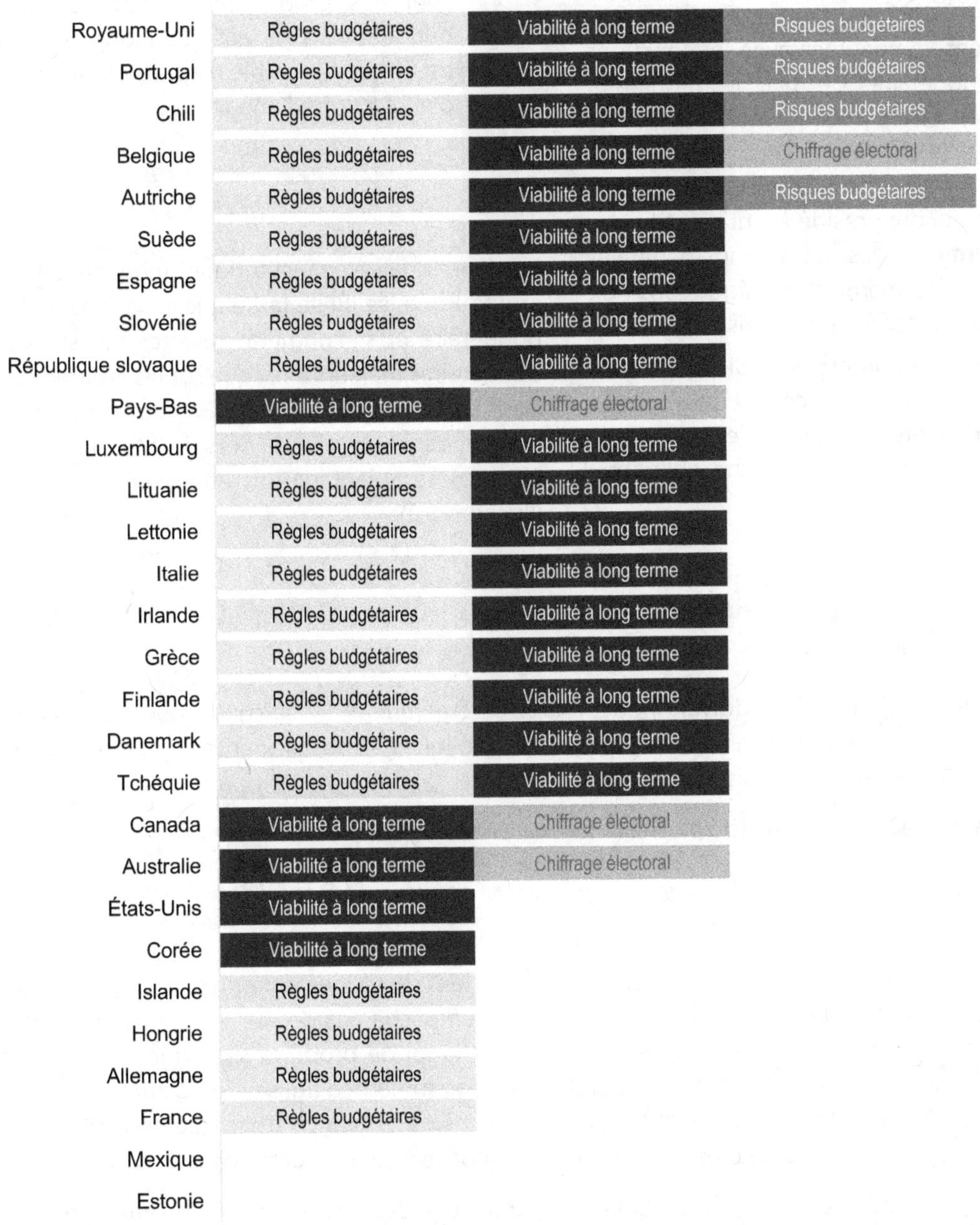

Notes : Le graphique présente les missions, définies ci-après, remplies par les IBI prises en considération. « Règles budgétaires » correspond à la mission formelle de contrôle du respect des règles budgétaires ; « Viabilité à long terme » correspond à la production d'analyses de la viabilité budgétaire à long terme ; « Risques budgétaires » correspond à la production de rapports consacrés aux risques pesant sur les finances publiques ; « Reco. normatives » correspond à la formulation de recommandations normatives pour l'action publique ; « Chiffrage électoral » correspond au chiffrage du coût des programmes électoraux.
Source : Base de données de l'OCDE sur les institutions budgétaires indépendantes, 2021.

StatLink https://stat.link/31nbar

Trois conclusions peuvent être tirées de cette étude des origines, des prérogatives et du travail des IBI.

- La première est que les mandats des IBI, lorsqu'ils sont évalués au niveau des pays, sont majoritairement compatibles avec les fonctions d'éclaireur budgétaire. De fait, ils requièrent qu'elles se prononcent publiquement et en toute indépendance sur les sujets ayant des implications budgétaires majeures. En outre, au vu des motifs qui ont présidé à leur création, les clauses d'intention et les déclarations générales appellent à ce rôle, même s'il ne figure pas noir sur blanc dans l'énoncé de missions.
- Deuxièmement, de nombreuses IBI s'acquittent déjà de certaines tâches s'inscrivant dans ce rôle, soit en vertu de l'interprétation qu'elles ont faite de leur mandat, soit en vertu d'une obligation explicite.
- Troisièmement, ces travaux restent disparates et incomplets. Il subsiste une marge pour étoffer certains domaines d'analyse dont le chiffrage du coût des programmes électoraux, les risques budgétaires et la viabilité à long terme. Qui plus est, il serait possible d'approfondir ces travaux et d'en accroître l'impact.

Leur indépendance implique qu'elles assument un rôle d'éclaireur budgétaire

En leur qualité d'institutions indépendantes, il est attendu que les IBI se fassent les chantres de la viabilité budgétaire et s'expriment ouvertement sur les risques budgétaires majeurs ainsi que sur les arbitrages à opérer. Dans cet objectif, les IBI doivent jouir d'une indépendance totale. Or, ces institutions relativement récentes se voient parfois enfermées dans des limites (Encadré 5.2).

Encadré 5.2. Les institutions budgétaires indépendantes sont-elles suffisamment indépendantes ? Études de cas

Pour endosser le rôle d'éclaireur, les IBI doivent pouvoir axer librement leur travail sur les questions budgétaires majeures, s'exprimer sans retenue et examiner les politiques publiques selon différents scénarios. Elles doivent donc bénéficier d'une indépendance suffisante.

Or, cette indépendance peut être limitée de plusieurs façons. En voici quelques exemples.

Le Conseil consultatif budgétaire indépendant (Office for Budget Responsability, OBR) du Royaume-Uni

L'OBR figure au haut du classement des IBI de l'OCDE qui bénéficient de solides garanties d'indépendance (Nicol et Von Trapp, 2018[5]). Mais l'existence de telles garanties ne les empêche pas de voir leur indépendance limitée par des conditions spécifiques. Par exemple, l'OBR est tenu par la loi de produire ses projections à partir des éléments présentés par le gouvernement dans sa politique, notamment d'utiliser les chiffres des dépenses publiques à venir fournis par le Chancelier de l'Échiquier. Et ce, même si l'OBR estime que ces projections sont inexactes, ou si elles tiennent compte de mesures seulement annoncées, et non entérinées.

Enfin, le Chancelier peut faire en sorte que l'OBR ne publie pas ses projections concomitamment à des changements budgétaires importants car le moment de la publication est conditionné par une décision préalable du Chancelier (OBR, 2023[6]). Sans cette décision, le rôle de l'OBR est mis en veilleuse.

Le Haut Conseil des finances publiques de la France

Le Haut Conseil des finances publiques se trouve contraint dans son rôle d'éclaireur budgétaire de deux façons. Premièrement, il a pour mandat d'axer son travail sur les prévisions macroéconomiques officielles et sur le respect des règles budgétaires dans le contexte de la loi de programmation des finances publiques. Cela induit généralement un horizon temporel très réduit, de quatre ans, ce qui est bien trop court pour évaluer de nombreux enjeux fiscaux majeurs tels que la soutenabilité du système des retraites, les besoins futurs dans le domaine de la santé et diverses pressions d'origine démographique. Deuxièmement, il est limité quant à la définition de son propre programme de travail, même en application de son mandat. Au-delà de ces deux éléments, sa faculté d'assumer pleinement le rôle d'éclaireur budgétaire pourrait être restreinte par l'absence d'une identité claire et de la faculté de communiquer séparément de la Cour des comptes avec laquelle il partage sa direction.

Le Conseil budgétaire slovène

L'indépendance du Conseil budgétaire slovène a fait face à une autre forme de contrainte. Le texte d'habilitation qui régit son fonctionnement plafonnait le nombre d'agents qu'il pouvait employer. Plus précisément, aux termes de la loi initiale sur la règle budgétaire, « quatre agents publics au plus peuvent être employés par le Conseil budgétaire pour mettre leurs compétences expertes au service des membres du Conseil budgétaire. Les tâches administratives et techniques du Conseil fiscal sont menées à bien par les services de la Cour des comptes de la République de Slovénie ». Ainsi, bien que son mandat lui confère une large visée et la faculté d'assumer le rôle d'éclaireur budgétaire, la profondeur de ses analyses était limitée par le plafonnement de son effectif. Une révision de la loi sur la règle budgétaire, en avril 2025, a supprimé cette contrainte.

Il convient de rappeler les intérêts que servent *in fine* les IBI. Il ne s'agit pas des intérêts du ministère des Finances, du gouvernement, du parlement ou de toute autre institution : les IBI sont des instances indépendantes qui agissent au service des décideurs clés et des citoyens en leur prodiguant des informations claires sur les questions budgétaires. Il s'agit d'un rôle exigeant et susceptible d'être régulièrement remis en question. Mais c'est également un rôle précieux, auquel les IBI ont déjà pu s'adonner dans les démocraties modernes. Le cas de l'OBR exposé à l'Encadré 5.2 se révèle rassurant dans ce contexte. Lorsque son rôle et son indépendance se sont trouvés menacés en 2022, l'importance et la pertinence de l'OBR ont été réaffirmées. Néanmoins, il s'agit d'un défi constant qui mérite que l'on s'y intéresse.

D'autant que si elles ne peuvent remplir pleinement leur fonction d'éclaireur et s'exprimer vigoureusement sur les enjeux budgétaires les plus prégnants, c'est la pertinence même des IBI qui risque d'être mise à mal. En ce sens, emprunter la voie de la prudence et se cantonner à une lecture timide, légaliste, de leur mandat comporte d'autres risques. L'efficacité des IBI pourrait s'en trouver amoindrie, de même que l'inclination du public à les soutenir, ce qui pourrait progressivement compromettre leur existence.

5.3. Des éclaireurs budgétaires efficaces

Les analyses des pays dans lesquels les IBI parviennent à faire toute la lumière sur les questions de viabilité budgétaire à long terme suggèrent que, pour poursuivre leur transition d'un rôle de gardien des finances publiques à celui d'éclaireur budgétaire, les IBI devront :

1. définir une vision,
2. affirmer leur voix et leur indépendance, et
3. favoriser l'action.

5.3.1. Définir une vision

Les IBI devraient axer leur vision sur les principaux enjeux pour les finances publiques. Pour rester pertinentes, il leur faut anticiper les principaux arbitrages politiques et risques auxquels font face les pouvoirs publics.

Comme l'a démontré la section précédente, les IBI étaient au départ envisagées en tant qu'institutions qui allaient répondre à un certain nombre de besoins analytiques. Le premier de ces besoins était l'évaluation de la durabilité globale des finances publiques. Les IBI étaient également perçues comme des instances à même de chiffrer les mesures budgétaires, d'informer le public sur les perspectives en matière de finances publiques, et de formuler des recommandations sur les politiques annoncées.

Pour les gouvernements, les enjeux actuels sont tels qu'ils nécessitent *a minima* une analyse d'un niveau de clairvoyance et de cohérence élevé. C'est la raison pour laquelle la production de rapports spécialement consacrés à la viabilité à long terme revêt une importance majeure. Ces rapports offrent en effet les éléments de contexte à l'aune desquels les politiques, enjeux et risques budgétaires peuvent être jaugés. Les examens isolés des risques pour les finances publiques, du chiffrage des programmes électoraux et des règles budgétaires ne permettent pas la mise en perspective nécessaire.

La définition d'une vision cohérente implique donc que les IBI s'attellent à deux tâches. La première consiste à identifier les risques généraux à long terme qui sont associés à la viabilité budgétaire. La seconde, à examiner les principaux enjeux à la lumière de ce contexte, qu'il s'agisse du coût du système public de retraites, des réformes de santé, de promesses électorales spécifiques, etc.

5.3.2. Affirmer leur voix et leur indépendance

L'influence exercée par les IBI repose en grande partie sur la persuasion. En effet, elles ne disposent à proprement parler d'aucun outil d'application du droit pour donner effet à leur influence, hormis quelques dispositions liées au principe « appliquer ou expliquer » ou leur conférant des prérogatives d'approbation. Ce type de dispositions peut inciter les gouvernements à expliquer les écarts par rapport aux règles budgétaires ou à présenter des projections plus réalistes. En revanche, elles ne peuvent pas les contraindre à planifier et adopter des mesures répondant aux grands enjeux budgétaires en se fondant sur une perspective à plus long terme.

En 2014, l'OCDE a élaboré des « Principes relatifs aux institutions budgétaires indépendantes ». Ces derniers appelaient les IBI à déployer des circuits de communication efficaces pour accroître leur portée, leur visibilité et leur impact (OCDE, 2014[7]). L'objectif était de disposer d'institutions indépendantes efficaces et capables de jouer un rôle déterminant en amenant les politiques budgétaires sur une voie raisonnable grâce à un pouvoir de persuasion accru.

Au moyen d'interactions continues et d'examens approfondis des IBI, l'OCDE a contribué à des avancées importantes en ce qui concerne les circuits de communication de ces institutions. Bien que certaines aient mis en place un appareil de communication conséquent, les dispositifs sont très variables et il subsiste d'importantes possibilités d'amélioration.

De récents travaux de l'OCDE soulignent la diversité des fonctions de communication des IBI dans les pays de l'OCDE. Nombre d'entre elles se montrent très actives dans la diffusion et la promotion de leurs analyses. Certaines sont toutefois plus efficaces que d'autres, et la façon dont les IBI assurent le suivi de leur impact médiatique pourrait être grandement améliorée.

Qui plus est, de nombreuses IBI ne bénéficient que d'une très faible visibilité. Elles diffusent certes leurs travaux, mais il leur manque une stratégie efficace pour les promouvoir et accroître l'impact produit.

Graphique 5.3. Plus les ressources sont importantes, plus les fonctions de communication sont solides

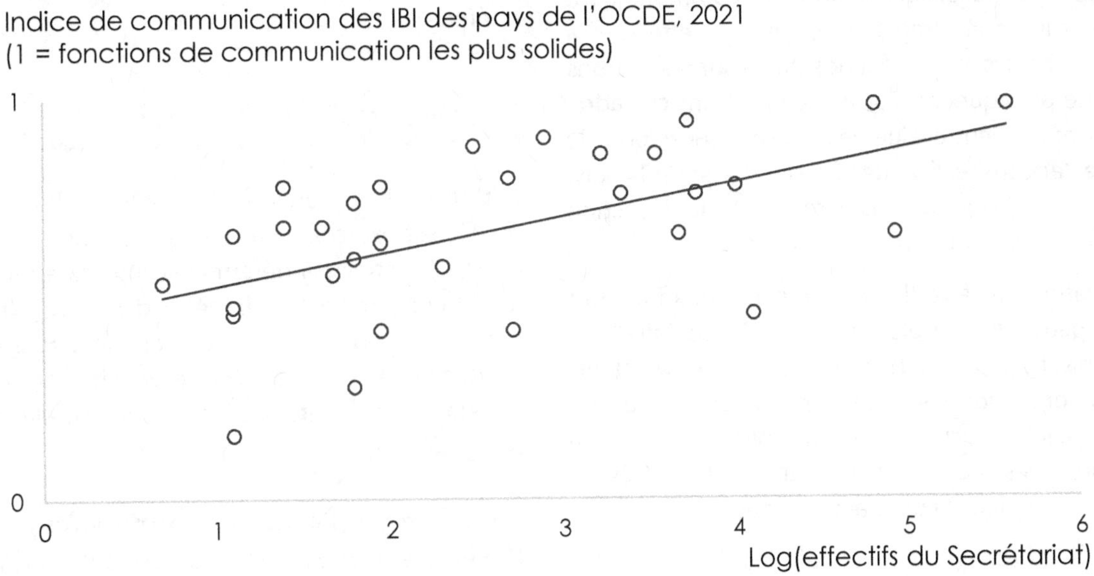

Source : Calculs de l'auteur d'après le critère de l'appareil de communication de l'Indice de promotion budgétaire de l'OCDE 2024.

StatLink https://stat.link/kay5f6

Les ressources constituent l'un des déterminants d'une faible visibilité. Les grandes IBI sont souvent celles qui disposent des fonctions de communication les plus solides (Graphique 5.3). Elles sont dotées d'un personnel dédié à la communication et ont institué des pratiques très développées pour échanger avec les médias. Le Bureau central de planification (CPB, Centraal Planbureau) des Pays-Bas en fournit une bonne illustration. Doté d'un effectif global qui avoisine les 125 ETP, il dispose d'un service de communication dédié composé d'environ cinq ETP. Ce service a élaboré une stratégie de communication alignée sur la mission générale de l'institution. Elle définit différents éléments tels que les objectifs de communication, les publics visés et les outils de communication.

Certaines IBI parviennent toutefois, malgré leur petite taille, à mobiliser les citoyens de manière rigoureuse. Les petites et moyennes IBI peuvent s'appuyer sur les compétences de leurs homologues plus grandes d'autres pays de l'OCDE et s'inspirer d'autres institutions, petites ou grandes, qui ont réussi à façonner le débat national. La Commission budgétaire écossaise, par exemple, dispose d'un effectif relativement modeste (environ 25 ETP), et aucun employé n'est spécifiquement assigné à la communication ; pourtant, elle échange activement avec les médias traditionnels et les médias sociaux et publie des documents de réflexion sur son propre blog.

Produire un impact ne tient pas seulement aux ressources ou aux outils de communication disponibles. Les travaux des IBI ne peuvent avoir un impact fort que s'ils sont pertinents et percutants. Il faut que les sujets que l'IBI attribue de l'importance soient bien ciblés et que leur présentation parle au public en s'accompagnant d'illustrations claires et concrètes.

Pour être de véritables éclaireurs budgétaires, les IBI se doivent d'étoffer leur communication. Si l'on considère que leur objectif est d'aider les décideurs à aiguiller la politique publique vers des mesures constructives, il faut qu'elles jouent un rôle plus proéminent et qu'elles donnent de la voix dans le débat national.

5.3.3. Favoriser l'action

La vision et les capacités de communication des IBI sont déterminantes mais ne sauraient suffire à elles seules. Pour réellement mobiliser les citoyens et promouvoir l'action en matière budgétaire, leurs travaux doivent être constructifs et identifier des lignes d'action claires.

Les IBI peuvent favoriser l'action en communiquant clairement sur les arbitrages. Elles peuvent effectuer à cette fin des analyses de scénarios basés sur les options de politique publique les plus évidentes. Dans ce cadre, elles devront souvent évaluer les conséquences pour le budget de l'action (réaliser des objectifs, assurer le suivi d'objectifs de politique plus larges) et de l'inaction (scénario de « politiques inchangées »).

L'appropriation de cette dernière dimension, « favoriser l'action », peut être complexe pour les IBI. De fait, l'une des préconisations issues des principes de l'OCDE relatifs aux institutions budgétaires indépendantes est que les IBI n'exercent aucune responsabilité quant à l'élaboration des politiques normatives afin d'éviter qu'elles soient perçues comme partisanes.

Il importe de noter ici que le rôle d'éclaireur budgétaire n'englobe pas la promotion de politiques spécifiques. Appeler à la mise en œuvre de politiques données en exerçant un jugement de valeur et illustrer les implications des politiques les plus probables sont deux choses très différentes. En pratique, il est toujours possible de prendre en considération d'autres options standard. Cette acception est bien comprise, et les IBI peuvent préciser expressément qu'elles n'entendent nullement exprimer une préférence pour l'une ou l'autre des options de politique présentées. Le Bureau de la Directrice parlementaire du budget (DPB) du Canada et ses travaux d'analyse sur l'impact des réformes des retraites menés ces dernières années en fournissent une illustration. Plutôt que de vanter ou de déplorer les modifications proposées, le Bureau de la DPB a procédé à la comparaison de leurs conséquences budgétaires par rapport à la politique alors en vigueur (Office of the Canadian Parliamentary Budget Officer, 2025[8]).

Pour atténuer les risques pesant sur leur réputation et leur indépendance, les IBI doivent donc mesurer soigneusement leurs interventions. Ces dernières doivent se limiter aux faits, à la présentation d'un certain nombre d'options disponibles et de scénarios qui mériteraient d'être étudiés, et se garder de toute attitude partisane.

Il relève du rôle des IBI de faire la lumière sur les implications des principaux scénarios alternatifs. Cela peut favoriser la compréhension par les citoyens et aider les démocraties à sortir de l'impasse sur des sujets clés.

Quant aux citoyens, ils seront ainsi plus à même d'exprimer un choix éclairé, étayé par une analyse explicite et neutre qui détaille clairement les arbitrages à opérer.

5.4. Mesurer la promotion budgétaire

Cette section s'intéresse à la promotion budgétaire telle qu'elle est exercée actuellement. Elle porte sur les pays de l'OCDE et vise à déterminer la mesure dans laquelle ils offrent aux IBI le périmètre d'action et les moyens nécessaires pour s'améliorer dans leur rôle d'éclaireur budgétaire. Pour ce faire, elle étudie leur environnement général et présente un nouvel indice de promotion budgétaire.

5.4.1. Créer les conditions optimales pour l'exercice d'un rôle d'éclaireur budgétaire

La promotion budgétaire est plus facile à pratiquer si certaines conditions sont réunies.

- Premièrement, la combinaison d'un paysage médiatique fort, d'un débat parlementaire robuste, de la confiance dans les institutions et du bon fonctionnement des organismes de recherche offrira sans conteste un socle solide. Toute insuffisance dans l'un ou l'autre de ces domaines nuira à la capacité de l'IBI à exercer son rôle d'éclaireur budgétaire. Par ailleurs, ses propres travaux pourront également contribuer à renforcer ces facteurs.
- Deuxièmement, les IBI doivent être réellement indépendantes pour réussir dans leur mission. Cela signifie qu'elles doivent être dotées d'une direction indépendante, de la liberté de prendre des décisions de fonctionnement, et d'un accès à des ressources suffisantes, qu'il s'agisse de personnel ou d'informations. De telles caractéristiques peuvent être de nature à renforcer la confiance.
- Troisièmement, les IBI doivent adopter une approche de communication efficace. Leur appareil de communication doit être judicieusement conçu, de sorte qu'elles puissent faire passer leurs messages, diffuser et promouvoir leurs travaux, et obtenir des retours sur leur impact. Elles doivent pour cela s'appuyer

à la fois sur les médias traditionnels et sur les réseaux d'information numériques modernes.

- Quatrièmement, les IBI doivent axer leur travail sur les grands sujets qui suscitent l'attention. Les efforts de promotion budgétaire déployés doivent permettre aux IBI d'attirer le regard sur les grands enjeux budgétaires auxquels font face les pays de l'OCDE. Pour disséminer ou diffuser leurs idées de manière efficace, les IBI doivent élaborer des communications attractives, convaincantes et ciblées. Citons à ce titre l'exemple du Conseil slovaque de la responsabilité budgétaire et de son outil baptisé les « Feux de signalisation budgétaire », qu'il utilise pour communiquer sur les risques pesant sur la réalisation des objectifs budgétaires par le gouvernement. L'outil est mis à jour tous les mois et permet au Conseil d'indiquer clairement si les mesures adoptées par le gouvernement au cours de l'année sont associées à des risques soit pour l'exercice budgétaire en cours soit à moyen terme (Slovak Council for Budget Responsibility, 2026[9]).

Graphique 5.4. Appréhender la promotion budgétaire à la manière d'un écosystème

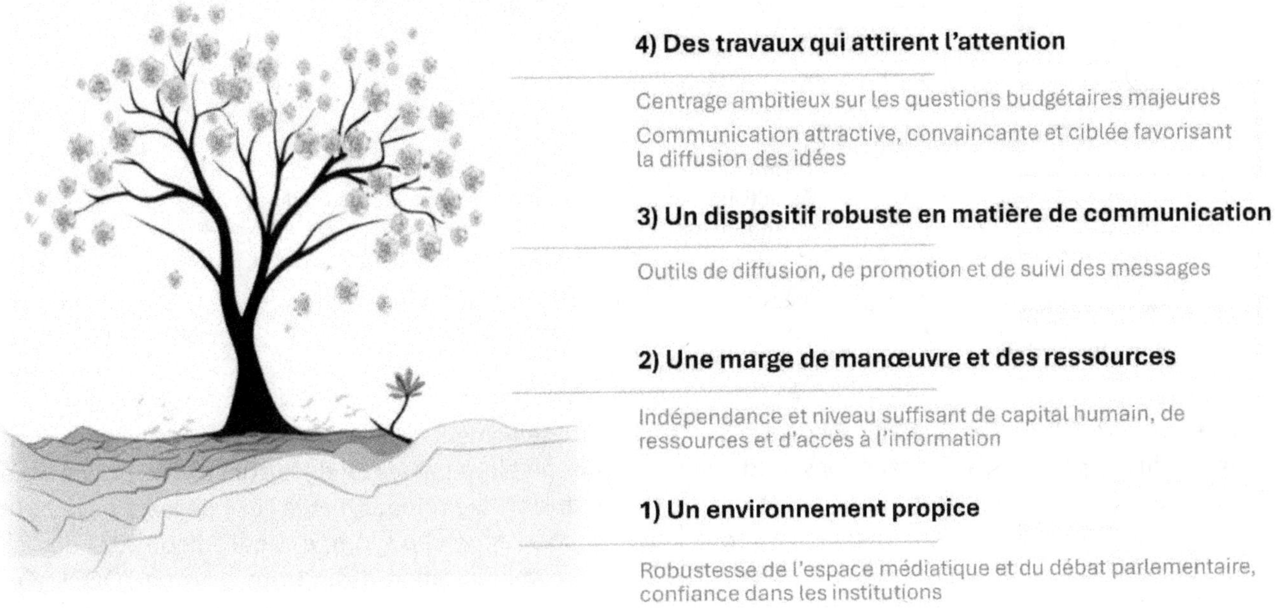

Source : élaboré par l'auteur.

Ces conditions peuvent être regroupées sous la forme d'un écosystème (Graphique 5.4). Pour que les éclaireurs budgétaires bénéficient de conditions optimales, il faut trouver le bon équilibre entre facteurs externes et internes. Au niveau externe, un environnement favorable est nécessaire pour soutenir les IBI dans leur rôle d'éclaireur budgétaire. Au niveau interne, les IBI doivent mener une communication solide et efficace et se doter de programmes de travail ambitieux.

5.4.2. Mesurer la promotion budgétaire - un indice de la promotion budgétaire

Partant de ces conditions, l'OCDE a cherché à dresser un état des lieux des différents pays de l'OCDE en élaborant un « Indice de promotion budgétaire » (OCDE, 2025[10]). Cet indice permet de mesurer la promotion budgétaire dans l'OCDE au niveau des pays. Il s'intéresse aux modalités institutionnelles selon lesquelles les IBI fonctionnent, à leur orientation analytique, à leur appareil de communication et à l'impact de leurs activités de communication.

Graphique 5.5. Les contours de l'Indice de promotion budgétaire de l'OCDE 2024

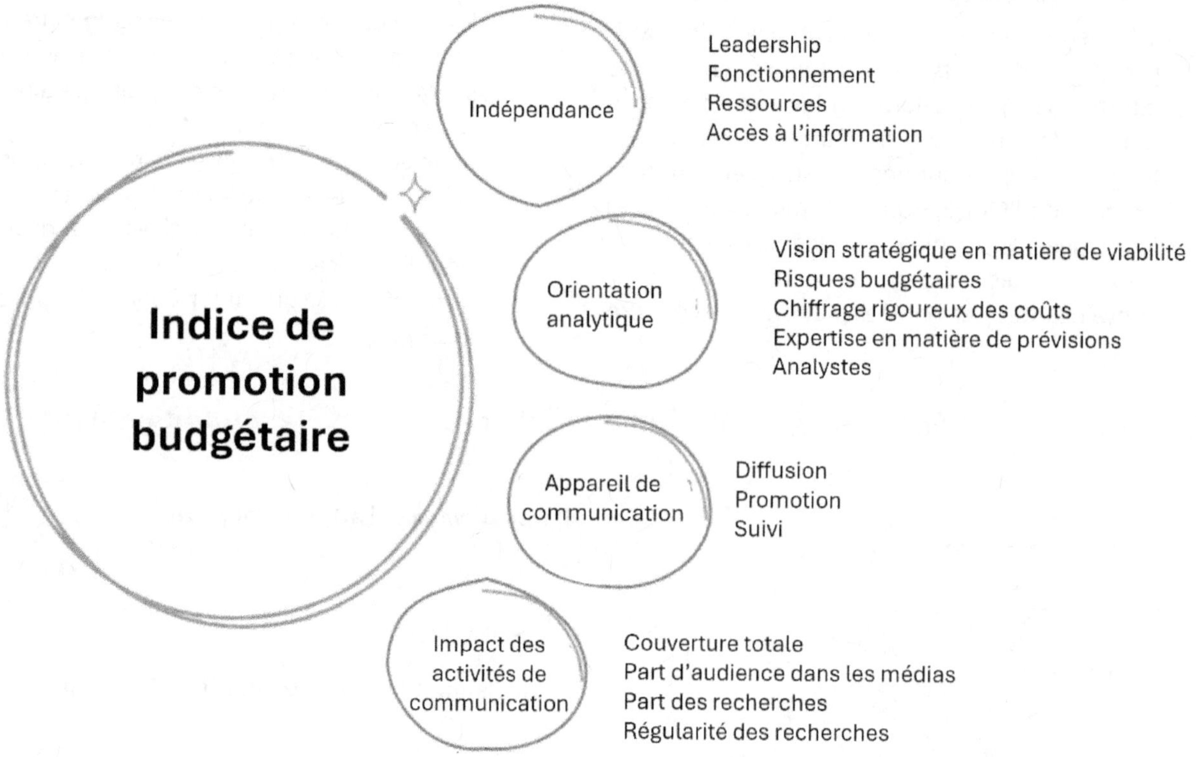

Source : élaboré par l'auteur.

L'Indice de promotion budgétaire rend compte de quatre des principales dimensions identifiées (Graphique 5.5), avec une valeur maximale de quatre. Il s'appuie sur les dernières données disponibles, principalement issues de la base de données de l'OCDE sur les IBI (2021[11]).

Il s'intéresse en premier lieu au niveau d'indépendance de l'IBI, cette dimension étant basée sur une mise à jour de précédents travaux de l'OCDE sur la mesure de l'indépendance des IBI (Nicol et Von Trapp, 2018[5]). L'indice d'origine a été actualisé pour inclure les dernières données disponibles issues de la (2021[11]) base de données de l'OCDE sur les IBI.

En deuxième lieu, il examine la capacité des IBI à axer leurs travaux d'analyse sur des sujets importants. Plus précisément, cette dimension porte sur leur faculté de produire des rapports sur la viabilité à long terme, des prévisions ainsi que des évaluations des risques pesant sur les finances publiques, et de procéder au chiffrage des programmes électoraux. Il prend également en compte les ressources allouées à leurs fonctions d'analyse.

Troisièmement, il évalue l'appareil de communication mis en place par les IBI de la zone OCDE pour assurer la diffusion, la promotion et le suivi de leurs travaux. Il fait écho à l'approche adoptée dans l'édition 2021 de l'Indice de communication des IBI des pays de l'OCDE (OCDE, 2023[12]) et prend en compte les mécanismes institutionnels dont une IBI est dotée en vue d'étayer les retombées de ses activités de diffusion de l'information.

Enfin, quatrièmement, l'indice évalue l'impact produit par les activités de communication des IBI considérées. Il s'appuie ici sur de nouveaux indicateurs de l'impact des activités de communication élaborés par l'OCDE. Ces indicateurs reposent sur une combinaison de données relatives à la couverture médiatique, obtenues à partir de recherches Google ciblées à l'aide de son nouvel outil de recherche « Actualités », et de données Google Trends issues des données d'utilisateurs pour 2021 à 2023. Ces indicateurs ont pour but de déterminer la mesure dans laquelle les IBI ont pris part au débat national et contribué à susciter une prise de conscience de la part du public.

Graphique 5.6. Nouvel Indice de promotion budgétaire de l'OCDE 2024

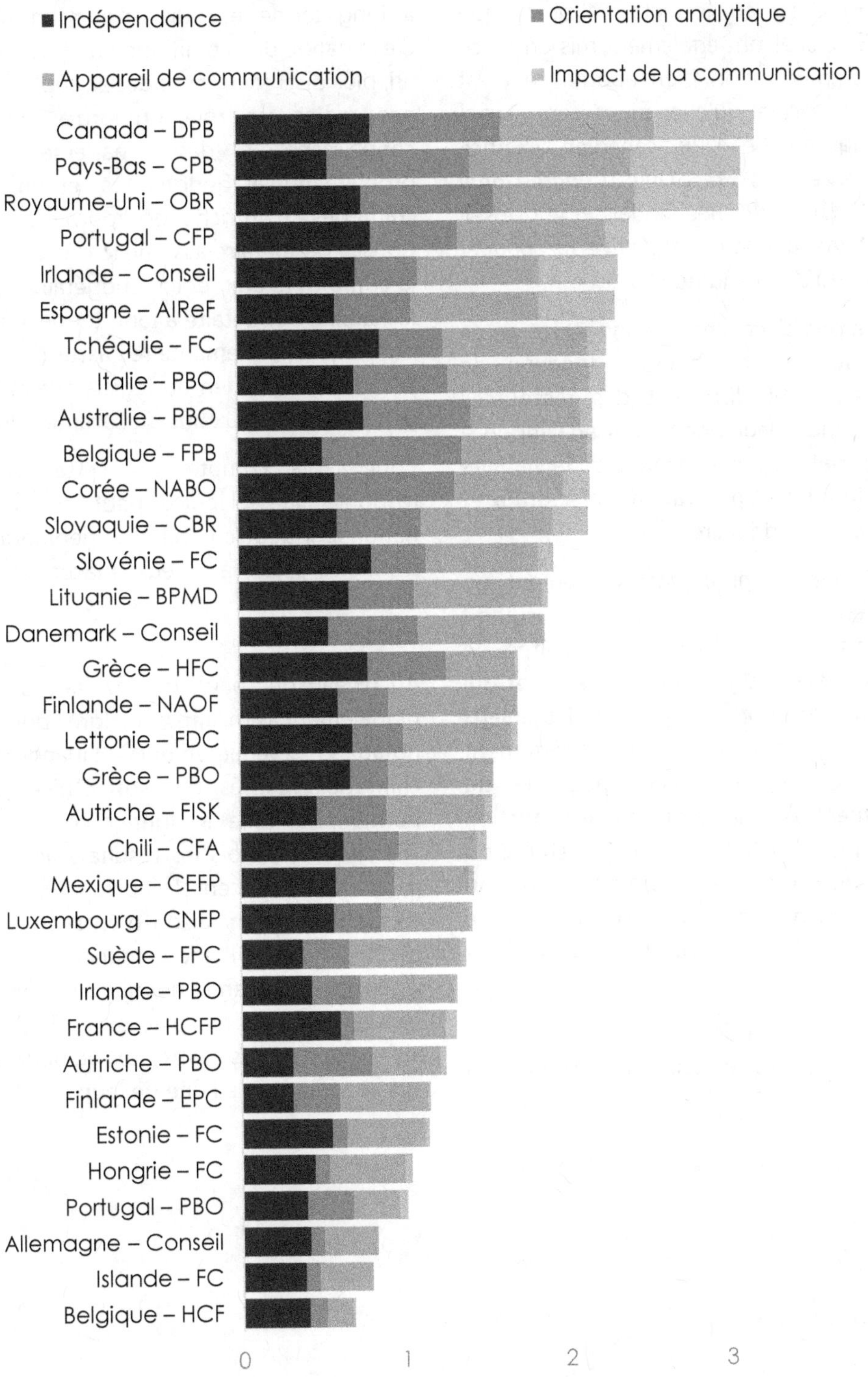

Note : On trouvera une explication détaillée sur les composantes de l'Indice de promotion budgétaire de l'OCDE 2024 dans l'annexe en ligne intitulée « L'Indice de promotion budgétaire », y compris les variables, les choix de réponse, les valeurs et les pondérations utilisés pour élaborer cet indice composite, de même que l'analyse statistique réalisée.
Source : Indice de promotion budgétaire de l'OCDE 2024.

StatLink https://stat.link/guymz4

De manière générale, les institutions les mieux classées au regard de l'indice se distinguent par leur niveau d'indépendance élevé et leur orientation analytique large (Graphique 5.6). Elles ont également mis en place un appareil de communication bien abouti, ce dont témoigne l'impact important qu'elles produisent. Parmi ces institutions figurent le DPB canadien, l'Office budgétaire du Congrès des États-Unis (*Congressional Budget Office*, ou CBO), le CPB néerlandais et le Conseil consultatif budgétaire indépendant (*Office for Budget Responsibility*, ou OBR) du Royaume-Uni.

Les grandes institutions disposent d'un avantage, en ce sens qu'elles peuvent se doter d'une fonction de communication dédiée et disposent des ressources nécessaires pour étendre leur orientation analytique à des domaines essentiels tels que l'analyse de la viabilité à long terme, le chiffrage des programmes électoraux et l'évaluation des risques budgétaires.

Mais des IBI plus petites produisent également un impact élevé. Il en va ainsi du Conseil consultatif budgétaire irlandais, dont l'impact des activités de communication est élevé malgré sa petite taille, et qui consacre également des efforts d'analyse à des enjeux budgétaires à plus long terme comme le vieillissement démographique. Le Conseil des finances publiques du Portugal est également bien classé grâce à une fonction de communication bien développée, avec un membre du personnel affecté spécialement à la communication. Au vu de son orientation analytique large, ses activités de communication promettent de produire un impact encore plus important.

Certains pays de l'OCDE étant dotés de plus d'une IBI, il convient de s'intéresser également aux résultats au niveau des pays (Graphique 5.7). En effet, un pays peut disposer d'une IBI qui produit une analyse de la viabilité à long terme et qui assume un rôle plutôt public d'évaluation de la politique budgétaire et d'une seconde IBI, plus discrète dans le débat public, mais qui n'en joue pas moins un rôle primordial en enrichissant les connaissances des parlementaires sur les problématiques budgétaires, et en procédant à des chiffrages. L'Autriche en fournit une illustration : un Conseil budgétaire assume le rôle officiel de contrôle de la conformité aux règles budgétaires et d'évaluation de la viabilité budgétaire à long terme, tandis qu'un Bureau budgétaire parlementaire assure une fonction plus pratique de soutien au législateur et aux commissions parlementaires aux fins de l'examen du budget.

Pour tenir compte de cette fragmentation des responsabilités, l'indice peut être agrégé au niveau national. Il peut combiner l'orientation analytique d'IBI distinctes, l'IBI la mieux placée sur le plan de la communication, et leurs niveaux combinés d'indépendance.

Au niveau des pays, les résultats du classement sont globalement similaires, malgré quelques différences notables. Premièrement, l'Irlande bénéficie des chiffrages réalisés par son Office parlementaire du budget, qui aide à donner corps à son orientation analytique une fois les résultats agrégés au niveau du pays. Deuxièmement, le Portugal perd quelques places au classement en raison d'un score moyen plus faible pour le critère de l'indépendance. Enfin, des pays comme la France et l'Allemagne, qui disposent d'une seule IBI, sont relativement mal placés dans le classement par pays alors que d'autres pays dotés de deux IBI tirent profit de la force relative de l'une de leurs institutions.

Graphique 5.7. L'Indice de promotion budgétaire de l'OCDE 2024 (au niveau des pays)

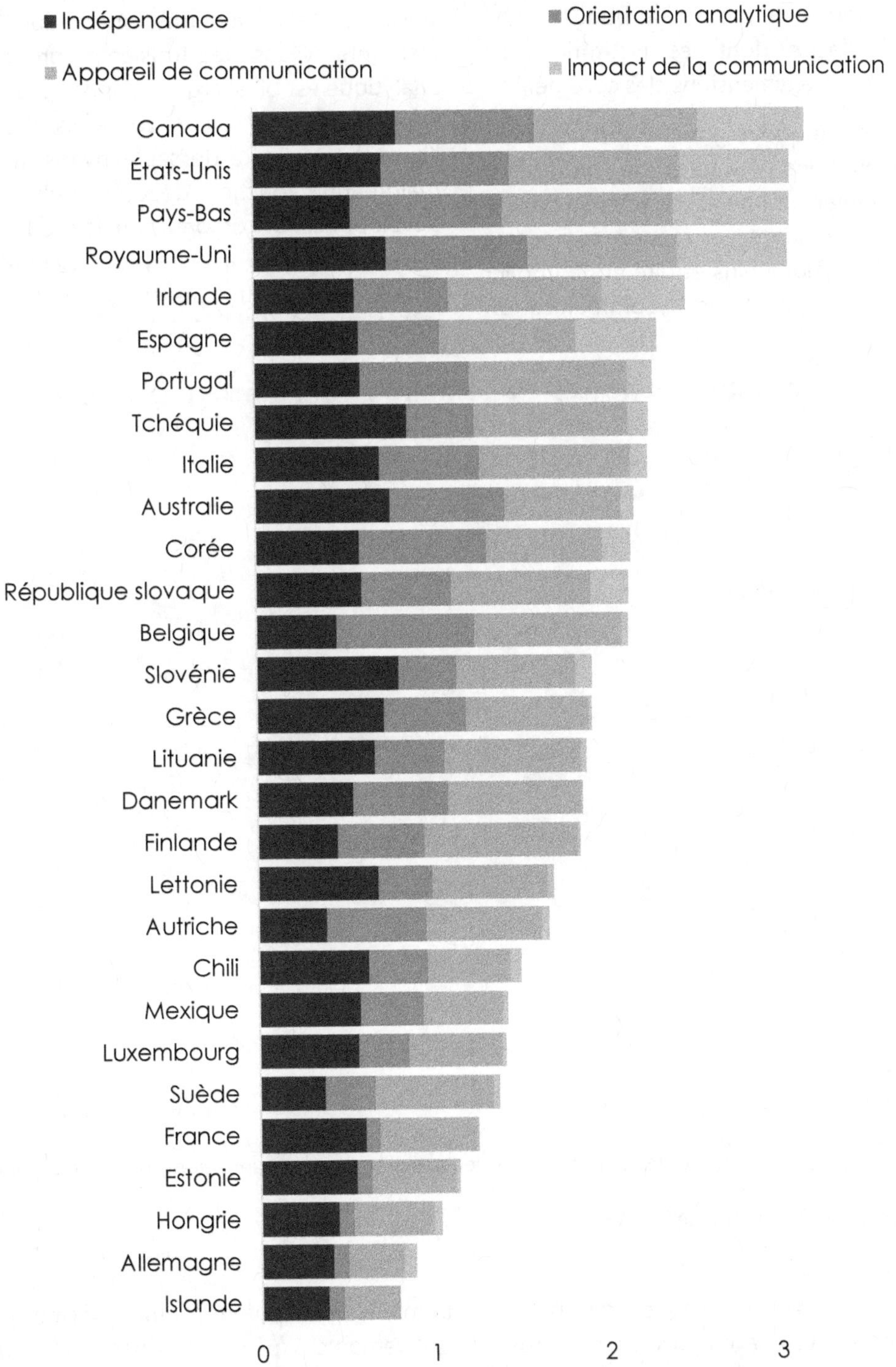

Note : On trouvera une explication détaillée sur les composantes de l'Indice de promotion budgétaire de l'OCDE 2024 dans l'annexe en ligne intitulée « L'Indice de promotion budgétaire », y compris les variables, les choix de réponse, les valeurs et les pondérations utilisés pour élaborer cet indice composite, de même que l'analyse statistique réalisée.
Source : Indice de promotion budgétaire de l'OCDE 2024.

StatLink https://stat.link/o1n7jq

Les résultats font apparaître différents regroupements. Une analyse par segmentation (disponible dans l'annexe en ligne intitulée « L'Indice de promotion budgétaire ») permet d'établir la façon dont les institutions se regroupent pour les quatre dimensions clés considérées.

Cette analyse fait ressortir quatre groupes distincts (voir l'annexe en ligne intitulée « L'indice de promotion budgétaire »). Le premier groupe se caractérise par de faibles niveaux d'indépendance par rapport aux autres IBI, une orientation analytique plus étroite et un impact négligeable des activités de communication (Graphique 5.8). Le second affiche un niveau d'indépendance comparable à celui des deux groupes suivants, mais avec une orientation analytique plus restreinte. Dans le troisième groupe, l'orientation analytique est plus large et l'appareil de communication légèrement plus solide. Toutefois, il se distingue par l'impact très limité de ses activités de communication malgré une fonction de communication relativement développée. Par comparaison, le dernier groupe allie un impact fort des activités de communication et les différentes caractéristiques que l'on retrouve dans le troisième groupe.

Graphique 5.8. Certaines IBI jouent très clairement le rôle d'éclaireur budgétaire

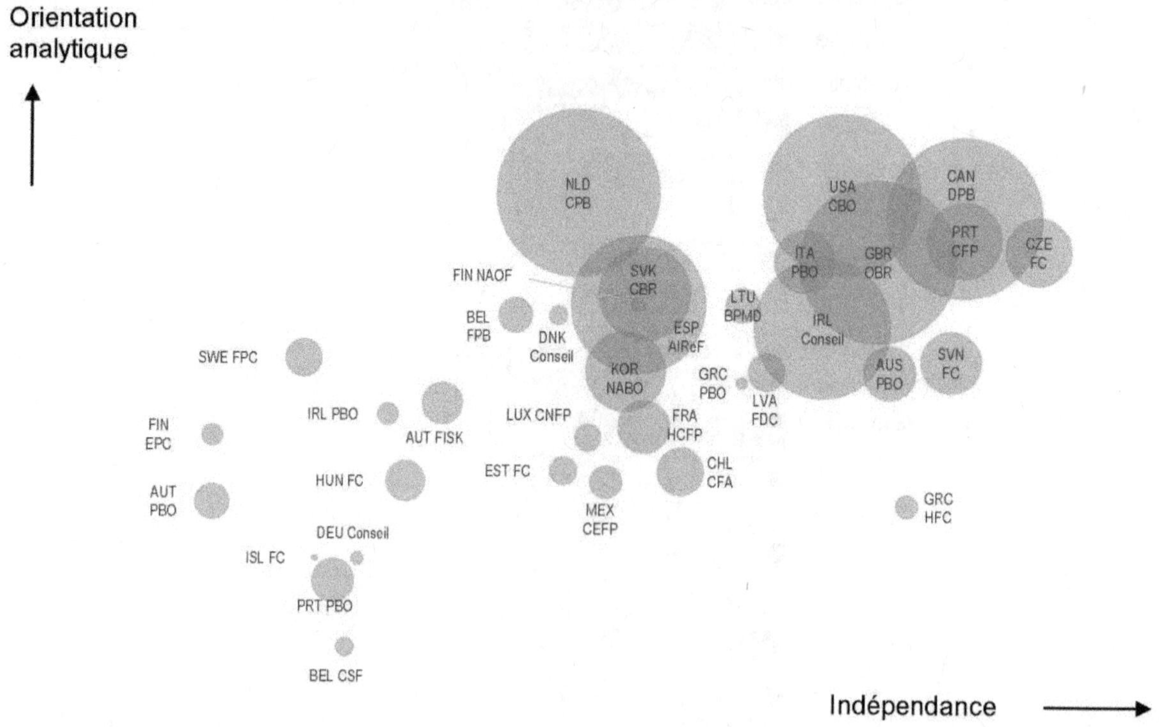

Note : Le diamètre des bulles rend compte de l'impact relatif des activités de communication ; plus le diamètre est grand, plus l'impact est élevé.
Source : Indice de promotion budgétaire de l'OCDE 2024.

StatLink https://stat.link/lo23xi

Ce diagramme fournit des éclairages importants. Certaines institutions peuvent avoir mis en place des fonctions de communication solides. Elles peuvent par exemple avoir élaboré une stratégie de communication notable et recourir aux communiqués de presse, aux conférences de presse et à d'autres outils pour faire passer leurs messages, mais voir la couverture de leurs travaux dans les médias traditionnels et les médias sociaux relativement limitée. La lecture de l'indice suggère que pour améliorer l'information des administrés et potentiellement inciter, par ricochet, les gouvernants à se tourner vers des politiques raisonnables, les diffusions au public ne suffisent pas. Le niveau d'indépendance de l'IBI tel qu'il est perçu est un prérequis important pour que ses vues aient du poids. Il est également capital que ces institutions soient régulièrement présentes dans les médias et fassent en sorte que leurs messages soient convaincants, ciblés et diffusés au stade le plus judicieux du processus budgétaire.

Globalement, ces résultats mettent en lumière la marge d'amélioration qui subsiste dans les pays de l'OCDE pour véritablement créer des éclaireurs budgétaires. Dans certains pays, les IBI produisent un impact non négligeable sur le débat public, et leur analyse peut renforcer la volonté politique de se saisir d'enjeux budgétaires majeurs. Mais dans d'autres, les IBI jouissent d'une indépendance moindre, d'une orientation analytique plus restreinte et de pratiques de communication peu développées.

Favoriser l'information des citoyens sera une condition essentielle pour répondre aux grands enjeux budgétaires. Forger la volonté politique de se saisir d'enjeux comme le vieillissement démographique et la hausse des dépenses dans des domaines prioritaires ne sera pas chose facile.

Les IBI peuvent aider à renforcer cette volonté en faveur de l'action politique. Leur succès reposera nécessairement sur le respect de certaines normes, notamment des niveaux d'indépendance dignes de confiance, une liberté adéquate laissée aux IBI pour axer leurs travaux sur les enjeux budgétaires majeurs, des capacités analytiques suffisantes et la possibilité d'affirmer leur voix auprès du public.

5.5. Conclusion

Les institutions indépendantes que sont les conseils budgétaires, les offices parlementaires du budget et les institutions supérieures de contrôle ont un rôle croissant à jouer pour aider les pouvoirs publics et les citoyens à comprendre les implications à long terme des décisions budgétaires d'aujourd'hui. Leur évolution vers un rôle d'éclaireur budgétaire témoigne à la fois de l'envergure des enjeux de demain et de l'importance de bénéficier d'éclairages indépendants, étayés par une analyse rigoureuse et accessibles au public. Ce chapitre a démontré que les IBI apportaient d'ores et déjà une contribution notable mais qu'elles pourraient encore renforcer leur impact.

Il ressort des exemples tirés des pays de l'OCDE que les IBI parviennent à influer sur les débats nationaux lorsqu'elles réunissent les qualités suivantes : une indépendance crédible, une capacité analytique forte et une communication publique claire. Les institutions qui intègrent les tensions à long terme, chiffrent les différents arbitrages politiques et expliquent les conséquences de l'inaction peuvent aider à ne pas céder aux incitations à court terme et à rediriger l'attention vers les décisions propices à la viabilité des finances publiques. Ce point est d'autant plus important dans un contexte marqué par des niveaux d'endettement élevés, des pressions démographiques fortes et une demande de services publics qui va croissant.

Dans le même temps, toutes les institutions concernées ne disposent pas encore des moyens nécessaires pour assumer pleinement ce rôle. Dans certains cas, le périmètre de leurs analyses est restreint par leur mandat même ; dans d'autres, des contraintes de calendrier ou de ressources limitent la capacité de l'institution à s'exprimer ouvertement sur les risques qui se font jour. Ces circonstances peuvent nuire à la pertinence de telles institutions, au moment même où leur présence suscite la confiance et où le besoin de voix indépendantes est au plus fort. Un renforcement de leur indépendance, de leurs capacités analytiques et de leurs fonctions de communication aiderait à assurer qu'elles contribueront efficacement et durablement aux discussions nationales sur les questions budgétaires.

Cette analyse a également démontré que la promotion budgétaire exercée par les institutions indépendantes n'était pas synonyme de soutien apporté à des politiques spécifiques. La promotion budgétaire implique plutôt qu'elles mettent en lumière les implications pour les finances publiques des choix de politique, en aidant les gouvernants et les citoyens à mieux comprendre les risques et les arbitrages. Grâce à une présentation équilibrée et non partisane des différents scénarios possibles, les institutions de type IBI peuvent aider à forger la compréhension du public et favoriser une prise de décision plus éclairée. Ce rôle a vocation à compléter celui d'autres organes de surveillance, dont les institutions supérieures de contrôle des finances publiques, qui aident les citoyens à comprendre l'exécution du budget et le rapport coût/efficacité des mesures prises.

Alors que les finances publiques sont soumises à des tensions croissantes, il est vital que les institutions indépendantes soient capables d'endosser ce rôle d'éclaireur budgétaire et ainsi d'étayer les débats par une analyse indépendante solide, de communiquer clairement à destination des citoyens et de faire toute la lumière sur les choix budgétaires. Une vision claire à long terme, une voix publique forte et indépendante et une analyse fondée sur des scénarios permettant d'expliciter les différentes options constituent des outils essentiels pour aider les gouvernements à répondre aux enjeux d'aujourd'hui tout en assurant la viabilité budgétaire de demain.

Références

Calmfors, L. et S. Wren-Lewis (2011), « What should fiscal councils do? », *Economic Policy*, vol. 26/68, pp. 649-695, https://doi.org/10.1111/j.1468-0327.2011.00273.x. [4]

Debrun, X. et M. Kumar (2007), « Fiscal Rules, Fiscal Councils and All that: Commitment Devices, Signaling Tools or Smokescreens? », *SSRN Electronic Journal*, https://doi.org/10.2139/ssrn.2004371. [1]

Hagemann, R. (2010), « Improving Fiscal Performance Through Fiscal Councils », *OECD Economics Department Working Papers*, n° 829, OECD Publishing, Paris, https://doi.org/10.1787/5km33sqsqq9v-en. [2]

Kopits, G. (2011), « Independent Fiscal Institutions: Developing Good Practices », *OECD Journal on Budgeting*, https://doi.org/10.1787/budget-11-5kg3pdgcpn42. [3]

Nicol, S. et L. Von Trapp (2018), « Measuring IFI independence: A first pass using the OECD IFI », dans Debrun, X. et R. Beetsma (dir. pub.), *Independent fiscal institutions : Watchdogs or Lapdogs?*, CEPR Press, Paris and London, https://cepr.org/publications/books-and-reports/independent-fiscal-councils-watchdogs-or-lapdogs. [5]

OBR (2023), *FOI: Information on preparatory work for the mini budget*, UK Office for Budget Responsibility, https://obr.uk/docs/dlm_uploads/FOI-Information-on-preparatory-work-for-the-mini-budget.pdf. [6]

OCDE (2025), *Panorama des administrations publiques 2025*,, Éditions OCDE, Paris, https://doi.org/10.1787/758a7905-fr. [10]

OCDE (2023), *Panorama des administrations publiques 2023*, Éditions OCDE, Paris, https://doi.org/10.1787/b4d0a9ed-fr. [12]

OCDE (2021), *Independent Fiscal Institutions Database, Version 2.0*, http://www.oecd.org/gov/budgeting/OECD-Independent-Fiscal-Institutions-Database.xlsx (consulté le 13 mars 2021). [11]

OCDE (2014), « Recommandation du Conseil sur les Principes relatifs aux institutions budgétaires indépendantes », *Instruments juridiques de l'OCDE*, OECD/LEGAL/0401, OCDE, Paris, https://legalinstruments.oecd.org/fr/instruments/OECD-LEGAL-0401. [7]

Office of the Canadian Parliamentary Budget Officer (2025), *Assessing the Impact of Canada Pension Plan Enhancements on the Public Service Pension Plan*, https://www.pbo-dpb.ca/en/publications/RP-2425-031-S--assessing-impact-canada-pension-plan-enhancements-public-service-pension-plan--evaluation-effet-bonification-regime-pensions-canada-regime-retraite-fonction-publique (consulté le 13 mars 2026). [8]

Slovak Council for Budget Responsibility (2026), *Budgetary Traffic Lights*, https://www.rrz.sk/en/tag/budgetary-traffic-lights/ (consulté le 3 mars 2026). [9]

www.ingramcontent.com/pod-product-compliance
Lightning Source LLC
LaVergne TN
LVHW060453061126
851857LV00016B/1809
* 9 7 8 9 2 6 4 7 6 1 8 0 3 *